다문화가정과 함께하는

정확한 한국어

국립국어원 기획 이선웅 외 집필

중급 1

Hawoo Publishing Inc.

발간사

우리는 이제 '다문화'라는 말이 더 이상 낯설지 않은 시대에 살고 있습니다. 2018년 12월호 출입국외국인정책 통계월보에 따르면 체류외국인은 2,367,607명인데 이는 2010년보다 2배 가까이 증가한 것입니다. 그런데 주목할 점은 다문화가정의 형태가 여성결혼이민자를 주요 가족 구성원으로 하는 획일적인 모습이 아니라 남성결혼이민자 가정이나 외국인 1인 가정 등으로 다양화되었다는 것입니다. 이에 다문화가정 대상 한국어 교재도 학습 대상자를 여성결혼이민자에 국한하지 않고 다문화가정의 남녀 성인 구성원으로 확대할 필요가 생겼습니다.

이에 국립국어원에서는 2017년 다문화가정 성인을 대상으로 한 한국어 교육 내용을 개발하였고, 2018년 시범 적용을 거쳐 초급 교재 4권, 중급 교재 4권을 출판하게 되었습니다. 교사용 지도서는 별도로 출판하지 않았지만 국립국어원 한국어교수학습샘터에 탑재해 현장 교사들이 무료로 이용할 수 있게 하였습니다.

이번 교재 개발에는 현장 경험이 많은 연구진이 집필자와 검토자로 참여하여 한국어 교육의 전문적 내용을 쉽고 친근하게 구성하였습니다. 특히 현장 시범 적용을 통해 교사와 학생의 의견을 폭넓게 수렴하기 위해 노력하였습니다. 또한 성적, 문화적 차별 요소가 없도록 내용을 구성하였고, 다문화가정 구성원이 이 사회에서 진취적으로 살아가는 모습을 담고자 하였습니다.

아무쪼록 '다문화가정과 함께하는 한국어'가 다문화가정 구성원이 한국어를 '즐겁고, 정확하게' 익힐 수 있는 길잡이가 되기를 바랍니다. 그래서 다문화가정 구성원이 한국 사회에 통합되어 안정적인 생활을 영위하는 데 도움이 될 수 있기를 바랍니다.

끝으로 새로운 교재의 개발을 위해 최선의 노력을 기울여 주신 교재 개발진과 출판사 관계자 분들에게 깊은 감사의 말씀을 드립니다.

2019년 1월

국립국어원장 소강춘

머리말

교통과 통신의 비약적인 발전에 따라 세계 여러 나라들의 교류가 크게 증가하고 있고, 그와 함께 한국에 정착해 사는 외국인들 역시 크게 늘어나고 있습니다. 한국에 이주해 한국인 배우자와 함께 사는 사람들, 직업 활동을 하면서 한국에 정착해 사는 외국인 부부들이 오랜 기간 동안 한국에 살면서 자녀를 낳아 기르고 있어 한국 사회도 점차 다문화 사회로 이행하고 있는 모습이 뚜렷이 나타나고 있습니다. 이는 한국의 국제적 위상이 점점 높아지고 있음을 간접적으로 보여 주는 바람직한 사회 현상이라고 생각합니다.

이 책은 이와 같은 시대적 흐름에 발맞추어 국립국어원에서 발주한 사업인 2017년 다문화가정 교재 개발 사업의 결과물로서 다문화가정 구성원들이 한국 문화를 이해하는 바탕 위에서 구어와 문어 영역에서 고른 수준의 한국어를 구사할 수 있도록 구성되었습니다. 또한 날이 갈수록 다문화가정 구성원들의 사회 활동이 늘고 있고 성 평등 의식도 높아져 가고 있으므로, 학습자들이 한국 사회의 일원으로서 확고한 정체성을 지니고 가족생활, 이웃과의 교류, 직업 활동을 포함한 여러 사회생활에서 필요한 한국어를 자연스럽게 구사할 수 있도록 하였습니다. 학습자들이 한국 사회에 대한 적응이라는 수동적 태도에서 나아가 한국 사회를 함께 이끌어 간다는 능동적 태도를 지니고 살아갈 수 있도록 내용을 구성하였습니다.

이 책은 본래 2008년에 국립국어원에서 발주하여 2010년에 출판된 “결혼 이민자와 함께하는 한국어”의 개정판으로 기획되었으나, 그동안 한국어 교육계에서 발전되어 온 교육 방법론을 최대한 반영하고자 그때의 교재와는 구성 체제를 사뭇 달리하였습니다. 가장 큰 차이점은 성격이 다른 두 권으로 주 교재를 나눈 것입니다. “다문화가정을 위한 즐거운 한국어”는 구어 위주의 과제 활동이 더 많도록 구성하였고 “다문화가정을 위한 정확한 한국어”는 문어 위주의 형태 연습이 더 많도록 구성하였습니다. 곧 “정확한 한국어”는 부교재로 취급받던 기존 워크북의 내용을 더욱 풍부하게 하여 “즐거운 한국어”에 버금가는 주 교재로 집필된 것입니다. 두 책을 유기적으로 연결하여 교수 · 학습한다면 유창성과 정확성을 고루 갖출 수 있을 것이라고 생각합니다.

아무쪼록 모든 다문화가정 구성원들이 이 책으로 한국어와 한국 문화를 열심히 공부하여 한국 사회의 성공적인 일원이 될 수 있기를 기원합니다.

2019년 1월

저자를 대표하여 이선웅 적음.

일러두기

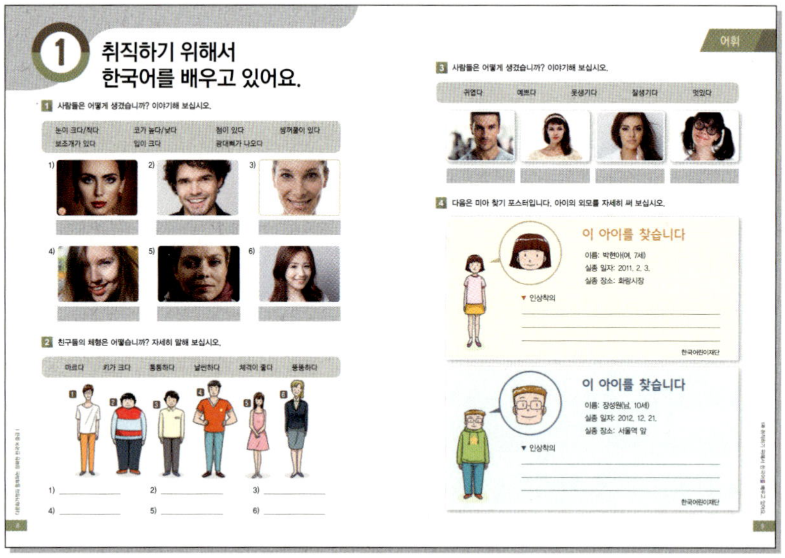

1 취직하기 위해서 한국어를 배우고 있어요.

1 사람들은 어떻게 생겼습니까? 이야기해 보십시오.

눈이 크다/작다 코가 높다/낮다 점이 있다 쌍꺼풀이 있다
보조개가 있다 입이 크다 광대뼈가 나오다

1) 2) 3) 4) 5) 6)

2 친구들의 체형은 어떻습니까? 자세히 말해 보십시오.

마르다 키가 크다 통통하다 날씬하다 체격이 좋다 뚱뚱하다

1) ________ 2) ________ 3) ________
4) ________ 5) ________ 6) ________

어휘

3 사람들은 어떻게 생겼습니까? 이야기해 보십시오.

귀엽다 예쁘다 못생기다 잘생기다 멋있다

4 다음은 미아 찾기 포스터입니다. 아이의 외모를 자세히 써 보십시오.

이 아이를 찾습니다
이름: 박현아(여, 7세)
실종 일자: 2011. 2. 3.
실종 장소: 화랑시장
▼ 인상착의
한국어린이재단

이 아이를 찾습니다
이름: 장성원(남, 10세)
실종 일자: 2012. 12. 21.
실종 장소: 서울역 앞
▼ 인상착의
한국어린이재단

어휘

각 과의 주제와 관련하여 필수적으로 학습해야 할 **어휘**를 제시하고 연습 문제를 통해 연습할 수 있도록 하였다. 그림을 활용하여 어휘 의미를 쉽게 파악할 수 있게 하였고 대화 속에서 어휘가 사용되는 예를 제시하였다.

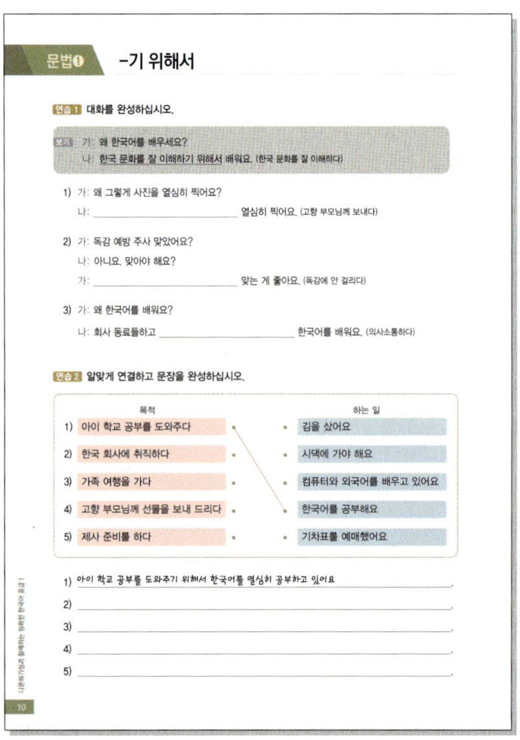

문법❶ -기 위해서

연습 1 대화를 완성하십시오.

보기 가: 왜 한국어를 배우세요?
나: 한국 문화를 잘 이해하기 위해서 배워요. (한국 문화를 잘 이해하다)

1) 가: 왜 그렇게 사진을 열심히 찍어요?
나: ____________ 열심히 찍어요. (고향 부모님께 보내다)

2) 가: 독감 예방 주사 맞았어요?
나: 아니요. 맞아야 해요?
가: ____________ 맞는 게 좋아요. (독감에 안 걸리다)

3) 가: 왜 한국어를 배워요?
나: 회사 동료들하고 ____________ 한국어를 배워요. (의사소통하다)

연습 2 알맞게 연결하고 문장을 완성하십시오.

	목적	하는 일
1)	아이 학교 공부를 도와주다	김을 샀어요
2)	한국 회사에 취직하다	시댁에 가야 해요
3)	가족 여행을 가다	컴퓨터와 외국어를 배우고 있어요
4)	고향 부모님께 선물을 보내 드리다	한국어를 공부해요
5)	제사 준비를 하다	기차표를 예매했어요

1) 아이 학교 공부를 도와주기 위해서 한국어를 열심히 공부하고 있어요.
2) ____________.
3) ____________.
4) ____________.
5) ____________.

문법

문법에서는 학습할 문법 항목을 체계적으로 연습할 수 있게 하였다. 기본적으로 형태를 정확하게 파악할 수 있도록 표를 완성하는 문항을 수록하였고, 문장 및 대화 만들기로 단위를 확장하여 학습 문법을 연습할 수 있게 하였다. 필요한 경우 날개 부분을 활용하여 추가 학습 항목을 제시하여 학습 문법과 함께 연습할 수 있도록 하였다.

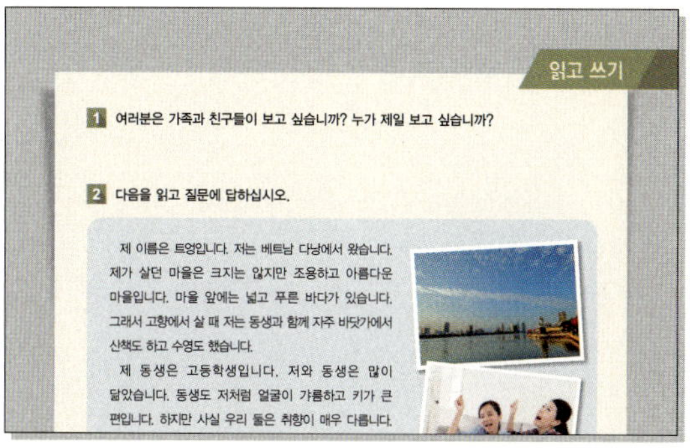

읽고 쓰기: 읽기

읽기 에서는 과 주제와 관련된 글과 함께 글의 이해 여부를 확인할 수 있는 문제를 수록하였다. 이미 학습한 어휘뿐만 아니라 새롭게 학습할 수 있는 어휘를 '새 단어'로 추가 제시하였다.

읽고 쓰기: 쓰기

쓰기 에서는 읽은 글을 토대로 하여 자신의 이야기를 직접 써 볼 수 있게 하였다. 쓰기에 어려움을 겪을 수 있는 초급에서는 읽기 지문이 자신이 쓸 글의 뼈대가 될 수 있도록 하였다. 또한 학습자들이 글을 쓰기 전에 자신의 생각을 미리 정리해 볼 수 있도록 개요 쓰기를 포함하였다.

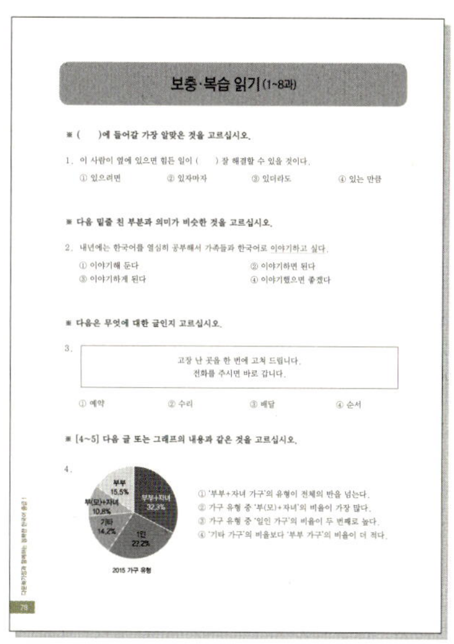

보충·복습

보충·복습 에서는 1~8과, 9~16과에서 배운 내용을 한국어능력시험의 듣기와 읽기 시험 문제와 동일한 형식을 통해 점검하게 함으로써 한국어능력시험을 준비하는 데 도움이 되도록 하였다. 필요한 경우 새 어휘, 문법이 사용된 새로운 내용의 텍스트를 추가하여 좀 더 실전에 가깝도록 구성하였다.

목차

1 취직하기 위해서 한국어를 배우고 있어요.

1 사람들은 어떻게 생겼습니까? 이야기해 보십시오.

눈이 크다/작다	코가 높다/낮다	점이 있다	쌍꺼풀이 있다
보조개가 있다	입이 크다	광대뼈가 나오다	

1) 

2) 

3) 

4) 

5) 

6) 

2 친구들의 체형은 어떻습니까? 자세히 말해 보십시오.

마르다	키가 크다	통통하다	날씬하다	체격이 좋다	뚱뚱하다

1) ____________ 2) ____________ 3) ____________

4) ____________ 5) ____________ 6) ____________

3 사람들은 어떻게 생겼습니까? 이야기해 보십시오.

귀엽다	예쁘다	못생기다	잘생기다	멋있다

4 다음은 미아 찾기 포스터입니다. 아이의 외모를 자세히 써 보십시오.

이 아이를 찾습니다

이름: 박현아(여, 7세)
실종 일자: 2011. 2. 3.
실종 장소: 화랑시장

▼ 인상착의

____

____

____

한국어린이재단

이 아이를 찾습니다

이름: 장성원(남, 10세)
실종 일자: 2012. 12. 21.
실종 장소: 서울역 앞

▼ 인상착의

____

____

____

한국어린이재단

문법❶ -기 위해서

연습 1 대화를 완성하십시오.

보기 가: 왜 한국어를 배우세요?
나: 한국 문화를 잘 이해하기 위해서 배워요. (한국 문화를 잘 이해하다)

1) 가: 왜 그렇게 사진을 열심히 찍어요?
나: ______________________ 열심히 찍어요. (고향 부모님께 보내다)

2) 가: 독감 예방 주사 맞았어요?
나: 아니요. 맞아야 해요?
가: ______________________ 맞는 게 좋아요. (독감에 안 걸리다)

3) 가: 왜 한국어를 배워요?
나: 회사 동료들하고 ______________________ 한국어를 배워요. (의사소통하다)

연습 2 알맞게 연결하고 문장을 완성하십시오.

	목적	하는 일
1)	아이 학교 공부를 도와주다	김을 샀어요
2)	한국 회사에 취직하다	시댁에 가야 해요
3)	가족 여행을 가다	컴퓨터와 외국어를 배우고 있어요
4)	고향 부모님께 선물을 보내 드리다	한국어를 공부해요
5)	제사 준비를 하다	기차표를 예매했어요

1) 아이 학교 공부를 도와주기 위해서 한국어를 열심히 공부하고 있어요.
2) ______________________.
3) ______________________.
4) ______________________.
5) ______________________.

-(으)ㄴ/는 편이다

연습 1 다음 표를 완성하십시오.

형용사				동사	
-ㄴ 편이다		-은 편이다		-는 편이다	
싸다	싼 편이다	넓다	넓은 편이다	가다	가는 편이다
크다		작다		읽다	
깨끗하다		좋다		듣다	
*멀다		*춥다		*알다	

연습 2 대화를 완성하십시오.

보기 가: 고향 음식을 자주 먹어요?
나: 네, 자주 먹는 편이에요. 일주일에 세 번은 만들어 먹어요. (먹다)

1) 가: 한 달에 보통 책을 몇 권 읽어요?
나: 3권쯤 읽어요. 좀 많이 ____________________. (읽다)

2) 가: 집에서 학교까지 가까워요?
나: 아니요, ____________________. 그래서 좀 불편해요. (멀다)

3) 가: 이 사전을 왜 가지고 다니지 않아요?
나: 이 사전이 ____________________. 그래서 잘 안 가지고 다녀요. (무겁다)

연습 3 다음은 한국 생활에 대한 설문 결과입니다. 결과를 보고 알맞게 쓰십시오.

	매우 그렇다 ◄				► 매우 그렇지 않다
1) 한국 생활이 편합니까?		✓			
2) 고향 친구들을 만날 기회가 많습니까?				✓	
3) 고향 음식 재료를 구하기가 쉽습니까?				✓	
4) 고향 가족과 자주 연락합니까?		✓			

1) 한국 생활이 편한 편입니다.
2) ____________________.
3) ____________________.
4) ____________________.

문법❸ -던

연습 1 에디 씨가 친구와 고향 사진을 보고 이야기합니다. 대화를 완성하십시오.

가다	살다	좋아하다

1) 

가: 에디 씨, 여기는 어디예요?

나: 어렸을 때 부모님과 자주 ______________ 공원이에요.

2) 

가: 이 음식은 뭐예요?

나: 이건 닭 요리예요. 제가 어렸을 때 가장 ______________ 음식이에요.

3) 

가: 여기가 에디 씨 미국 가족들이 사는 집이에요?

나: 아니요, 전에 ____________ 집에서 찍은 거예요. 지금은 이사했어요.

연습 2 다음 사람들이 학창 시절과 지금 어떻게 달라졌습니까? 다음 그림을 보고 괄호 안의 말을 활용하여 문장을 완성하십시오.

1) 고등학교 때 ________________________ 철수는 지금 ____________________________.
(책임감이 강하다)

2) 고등학교 때 ________________________ 효진은 지금 ____________________________.
(책을 열심히 읽다)

3) 고등학교 때 ________________________ 지수는 지금 ____________________________.
(잠을 자다)

4) 고등학교 때 ________________________ 성훈은 지금 ____________________________.
(친구랑 말싸움을 잘 하다)

1 여러분은 가족과 친구들이 보고 싶습니까? 누가 제일 보고 싶습니까?

2 다음을 읽고 질문에 답하십시오.

제 이름은 트엉입니다. 저는 베트남 다낭에서 왔습니다. 제가 살던 마을은 크지는 않지만 조용하고 아름다운 마을입니다. 마을 앞에는 넓고 푸른 바다가 있습니다. 그래서 고향에서 살 때 저는 동생과 함께 자주 바닷가에서 산책도 하고 수영도 했습니다.

제 동생은 고등학생입니다. 저와 동생은 많이 닮았습니다. 동생도 저처럼 얼굴이 갸름하고 키가 큰 편입니다. 하지만 사실 우리 둘은 취향이 매우 다릅니다. 저는 여행을 좋아하는 편이지만 동생은 집에 있는 것을 좋아하는 편입니다. 또, 저는 매운 음식을 잘 먹는 편인데 동생은 전혀 먹지 못합니다. 하지만 우리는 모두 노래 부르는 것을 좋아합니다. 그래서 시간이 있을 때마다 같이 노래도 부르고 노래방에도 갔습니다. 동생과 저는 한국 가요를 좋아해서 한국 노래를 자주 같이 불렀습니다.

가끔 동생이 무척 그립습니다. 동생이 보고 싶을 때마다 저는 동생과 자주 가던 바닷가를 생각하면서 같이 부르던 한국 노래를 부릅니다.

1) 맞으면 ○, 틀리면 × 하십시오.

① 트엉과 동생은 수영을 못한다. (　　)

② 트엉은 동생이 보고 싶을 때마다 바닷가에 간다. (　　)

③ 트엉이 살던 베트남의 마을은 조용한 바닷가 마을이다. (　　)

2) 트엉과 동생은 무엇이 다릅니까?

① 키　　② 얼굴형　　③ 좋아하는 것　　④ 좋아하는 노래

□ 푸르다　□ 바닷가　□ 갸름하다　□ 취향　□ 가요　□ 그립다

3 여러분은 고향 사람들 중 누가 제일 그립습니까? 그 사람은 누구이고, 그 사람과 어떤 추억이 있습니까?

얼굴형	□ 갸름하다	□ 둥글다	□ 네모나다	□ 역삼각형
체형	□ 마르다 □ 뚱뚱하다	□ 날씬하다 □ 체격이 좋다	□ 통통하다	
키	□ 크다	□ 작다		
외모	□ 귀엽다 □ 잘생기다	□ 예쁘다 □ 멋있다	□ 아름답다	□ 못생기다
같이 하던 일	□ □ □			

4 고향의 가족이나 친구 사진을 보여 주면서 자세히 설명하고 어떤 추억이 있는지 소개해 주십시오.

2 한국어를 아주 잘하던데요.

1 성격을 나타내는 표현 중 가장 알맞은 것을 골라 써 보십시오.

원만하다	적극적이다	성격이 느리다(신중하다)	대범하다
차갑다	예의가 바르다	다정하다	

성격

1) 따뜻하다	
	2) 무뚝뚝하다
	3) 소심하다
	4) 모나다
	5) 소극적이다
	6) 성격이 급하다(경솔하다)
	7) 예의가 없다(무례하다)
8) 낯을 안 가리다	낯을 가리다
9) 사교성이 있다	사교성이 없다

2 문장을 완성하십시오.

야경	낫다	나다	짜다	달콤하다
관심사	깊다	통하다	차갑다	

1) 남산은 낮에도 경치가 아름답지만 ________도 정말 멋있어요. 그래서 저는 종종 시내 ________을/를 보려고 남산서울타워에 가요.

2) 저는 지난주에 감기에 걸렸는데 아직 감기가 ________ 않았어요.

3) 이 식당 음식은 맛있는데 조금 ________ 편이에요.

4) 여름에는 카페에서 팥빙수를 주문하는 사람이 많다. ________ 얼음과 ________ 팥을 함께 먹을 수 있어 인기가 많다.

5) 내 친구는 나와 ________이/가 비슷해서 함께 할 수 있는 것이 많다.

6) 수미 씨와 이야기하면 언제나 즐겁고 시간이 정말 빨리 간다.
나는 수미 씨와 말이 잘 ________ 정말 좋다.

7) 배려심이 ________ 사람은 자신만을 생각하지 않는다. 무엇을 하든지 상대의 입장과 마음까지 생각한다.

8) 슬픈 영화를 보면 눈물이 ________.

문법❶ -(으)니까

연습 1 다음 표를 완성하십시오.

-니까		-으니까	
오다	오니까	먹다	먹으니까
일어나다		읽다	
전화하다		*돕다	
*열다		*묻다	

연습 2 알맞게 연결하고 문장을 완성하십시오.

1) 집에 도착하다	시내 경치가 아름답다
2) 친구에게 전화하다	우유가 있다
3) 창밖을 보다	아무도 없었다
4) 냉장고를 열다	좋은 사람인 것 같다
5) 그 사람을 만나 보다	안 받다

1) 집에 ___도착하니까___ 아무도 없었어요. 그래서 혼자 밥을 먹었어요.

2) ______________________ 안 받아요. 친구가 지금 바쁜 것 같아요.

3) ______________________ 시내 경치가 아름다워요. 야경도 예쁠 거예요.

4) ______________________ 우유가 있어요. 그런데 주스는 없어요.

5) ______________________ 좋은 사람인 것 같아요. 저와 말도 잘 통해요.

-더라고요

연습 1 대화를 완성하십시오.

보기 가: 여기 영화 광고가 있네요. 이 영화 봤어요?
나: 네, 지난 주말에 봤어요.
가: 어땠어요?
나: 처음에는 재미있었는데 나중에는 슬프더라고요. (슬프다)

1) 가: 한국 음식을 처음 먹었을 때 어땠어요?
나: 처음에는 고향 음식하고 달라서 ________________. (입에 안 맞다)
그런데 지금은 한국 음식에 익숙해졌어요.

2) 가: 결혼하기 전에 남편(아내)의 어떤 점이 좋았어요?
나: 상대방의 말을 잘 들어 주고 ________________. (이해심이 깊다)
그래서 믿음이 생겼어요.

3) 가: 밖에 비가 와요? 옷이 다 젖었네요.
나: 네, 학교에 오는데 ________________. (갑자기 비가 오다)

연습 2 알맞게 연결하고 대화를 완성하십시오.

1) 그 사람과 이야기해 보다 •		• 어려웠다
2) 한국에 처음 오다 •		• 말이 잘 통했다
3) 한국어 시험을 보다 •		• 힘들었다

1) 가: 그 사람과 이야기해 봤어요? 어땠어요?
나: 저하고 관심사가 비슷해서 정말 ________________.

2) 가: 한국에 처음 왔을 때 어땠어요?
나: 처음에는 음식하고 날씨가 달라서 ________________.

3) 가: 지난번에 한국어 시험을 봤지요? 어땠어요?
나: 시험이 생각보다 ________________.

돋보기

■ -더라

• 교통사고가 나서 길이 많이 막히더라.
• 친구 결혼식에 갔는데 신랑이 참 멋있더라.
• 어제 설악산에 갔는데 단풍이 정말 아름답더라.

문법 ③ -던데요

연습 1 대화를 완성하십시오.

많다	내리다	좋다	잘하다

1) 가: 어제 날씨가 좋다가 갑자기 소나기가 ____________________.

   나: 저도 깜짝 놀랐어요. 비가 올 줄 모르고 우산을 안 가지고 나갔거든요.

2) 가: 그 사람과 한번 이야기해 봤는데 성격이 정말 ____________________.

   나: 저도 그렇게 생각해요. 그 사람은 누구하고도 잘 어울리는 성격이에요.

3) 가: 흐엉 씨가 한국어 말하기를 정말 ____________________ 어떻게 공부했을까요?

   나: 수업에서 배운 것을 매일 복습하고 한국인과 말하기 연습을 많이 하더라고요.

4) 가: 회사 앞에 새로 생긴 식당에 손님이 ____________________ 가 봤어요?

   나: 아니요, 아직 못 가 봤어요. 우리 같이 가 볼까요?

돋보기

■ -던데

- 눈이 많이 오던데 오늘은 운전하지 말고 지하철을 타고 가세요.
- 계속 기침을 하던데 감기에 걸렸어요?
- 저 영화가 재미있던데 가족들과 보러 가세요.

연습 2 알맞게 연결하고 대화를 완성하십시오.

1) 전화를 안 받았다 •		• 바빴어요?
2) 사람이 정말 많았다 •		• 한번 가 보세요.
3) 세일을 많이 하고 있었다 •		• 무슨 일이지요?

1) 가: 어제 ____?

   나: 아, 미안해요. 중요한 회의 중이었어요.

2) 가: 시내에 ____?

   나: 오늘 시내에서 큰 행사가 있어요.

3) 가: 요즘 마트에서 ____.

   나: 그래요? 좋은 정보 고마워요.

1 **여러분이 좋아하는 사람과 언제 처음 만났는지 기억합니까? 그 사람의 첫 인상은 어땠습니까?**

2 **라디오에 소개된 사연입니다. 다음을 읽고 질문에 답하십시오.**

라디오 DJ

"다음 사연을 소개해 드리겠습니다.
이분은 남편과의 첫 만남에 대해 사연을 보내 주셨네요."

안녕하세요? 저는 5년 전에 베트남에서 온 흐엉이라고 합니다. 제가 매일 라디오를 듣는데 오늘은 저와 남편 이야기를 하고 싶어서 사연을 보냅니다. 저는 친구의 소개로 남편을 만나게 되었습니다. 우리는 카페에서 처음 만났는데요, 약속 장소에 가니까 얼굴이 둥글고 머리가 아주 짧은 남자가 있더라고요. 우리는 서로 사진을 먼저 봤기 때문에 누구인지 금방 알 수 있었어요.

우리는 "안녕하세요?"라고 서로 인사를 하고 차를 주문했어요. 그때부터 남편은 저에게 아무 말도 하지 않더라고요. 우리는 계속 말없이 차만 마셨어요. 저는 남편이 저에게 관심이 없는 것 같았어요. 그런데 차를 마신 후에 남편이 저에게 "같이 식사할까요?"라고 묻더라고요. 남편이 말이 없어서 제가 마음에 안 드는 줄 알았는데 깜짝 놀랐어요. 식사를 할 때도 남편은 별로 말을 하지 않았지만 느낌이 참 좋았어요.

우리는 만난 지 6개월 후에 결혼을 했고 지금은 가족이 모두 4명이 되었어요. 그렇게 말이 없던 남편이 지금은 말이 조금 많아졌어요. 특히 저에게 따뜻한 말을 많이 해 줘요. 저도 남편을 정말 사랑합니다.

"아주 따뜻한 사연을 보내 주신 흐엉 씨께 감사드립니다."

1) **맞으면 ○, 틀리면 × 하십시오.**

① 흐엉의 가족은 모두 4명이다. ( )

② 한국인 남편이 아내와의 첫 만남에 대해 소개했다. ( )

③ 흐엉은 남편을 처음 만났을 때 차를 마시고 헤어졌다. ( )

2) **처음 만났을 때 남편은 어땠습니까? 그때 흐엉은 어떻게 생각했습니까?**

____

☐ 사연 ☐ 첫 ☐ 금방 ☐ 관심이 없다 ☐ 느낌이 좋다

3 라디오에 사연을 보내려고 합니다. 생각나는 장면이 있습니까? 좋아하는 친구를 처음 만났을 때, 한국어를 처음 배웠을 때, 한국 음식을 처음 먹었을 때, 낯선 장소에 처음 갔을 때 어떤 것을 느꼈습니까? 생각나는 경험과 느낀 점을 쓰십시오.

1) 표를 완성하십시오.

경험	느낀 점
떡볶이를 처음 먹다	너무 맵다
한글을 처음 배우다	생각보다 쉽다

2) 표의 내용을 문장으로 쓰십시오.

떡볶이를 처음 먹으니까 너무 맵더라고요.

3) 가장 생각나는 경험에 대해 짧은 글을 써 봅시다.

3 자가 씨가 결혼한다고 해요.

1 알맞은 단어를 골라 넣으십시오.

뉴스	집들이	돌잔치	출산	결혼식	졸업식

1) ____________
2) ____________
3) ____________
4) ____________
5) ____________
6) ____________

2 문장을 완성하십시오.

청취하다	검색하다	시청하다	얻다	전하다

1) 친구에게 결혼 소식을 ____전했어요____.
2) 저는 텔레비전으로 야구 경기를 ____________ 맥주 마시는 것을 좋아해요.
3) 모르는 것이 있으면 인터넷에서 ____________.
4) 지역 신문을 보면 많은 정보를 ____________.
5) 저는 보통 운전하면서 라디오를 ____________.

3 대화를 완성하십시오.

취직하다	나오다	틀다

1) 가: 자가 씨, 언제 텔레비전에 ______________________?

   나: 내일 저녁 6시예요. '내 고향'이라는 프로그램이에요.

2) 가: 저는 대학교 졸업 후에 무역 회사에 ______________________.

   나: 그래요? 전 대학원에 가서 계속 공부하고 싶어요.

3) 가: 음악 좀 ______________________.

   나: 무슨 음악을 듣고 싶어요?

4 대화를 완성하십시오.

소식을 듣다	신혼여행을 가다	소식을 전하다

1) 가: 자가 씨가 결혼한다고 해요.

   나: 정말요? 누구한테서 그 ______________________?

2) 가: 어디로 ______________________?

   나: 바다를 좋아해서 제주도로 가기로 했어요.

3) 가: 이번 주 금요일 저녁에 우리 반 회식을 할 거예요. 자가 씨가 오늘 수업에 안 왔는데 자가 씨에게도 ______________________.

   나: 네, 이따가 연락할게요.

문법❶ -(ㄴ/는)다고 하다, -냐고 하다

연습 1 다음 표를 완성하십시오.

-다고 하다				-ㄴ다고 하다		-는다고 하다	
바쁘다	바쁘다고 하다	작다	작다고 하다	오다	온다고 하다	먹다	먹는다고 하다
행복하다		춥다		*살다		듣다	

-라고 하다		-이라고 하다	
나트	나트라고 하다	선생님	선생님이라고 하다
의사		학생	

-냐고 하다		-으냐고 하다		-냐고 하다	
크다	크냐고 하다	많다	많으냐고 하다	오다	오냐고 하다
*길다		적다		*살다	

연습 2 대화를 완성하십시오.

힘들다　　이다　　있다　　오다　　가다　　바쁘다

1) 가: 나레카 씨가 무슨 말을 했어요?

나: 서울에 같이 가고 싶은데 언제 시간 ________________.

2) 가: 이 음식은 뭐예요?

나: 비빔밥________________. 밥과 여러 가지 채소, 고기를 고추장에 비벼 먹는 음식이에요.

3) 가: 아까 나레카 씨가 뭐라고 했어요?

나: 눈이 아파서 수업 후에 병원에 ________________.

4) 가: 석훈 씨와 통화했는데 회사 일이 많아서 ________________.

나: 그래요? 그럼 석훈 씨는 다음에 만납시다.

5) 가: 미진 씨가 오늘 파티에 누가 ________________.

나: 아마 오늘 나트 씨와 자가 씨가 올 거예요.

6) 가: 요즘 에디 씨를 만날 수 없어요. 아주 바쁜가 봐요.

나: 한국어 공부 때문에 ________________.

-자고 하다, -(으)라고 하다

연습 1 다음 표를 완성하십시오.

-자고 하다			
보다	보자고 하다	읽다	읽자고 하다
시키다		만들다	
공부하다		걷다	
-(으)라고 하다			
배우다	배우라고 하다	읽다	읽으라고 하다
들어오다		*돕다	
*만들다		*듣다	

연습 2 그림을 보고 대화를 완성하십시오.

보기

가: 이번 주말에 뭐 해요?

나: 남편이 날씨가 좋으면 동해에 가자고 했어요.

1)

가: 오늘은 빨리 퇴근하네요.

나: 친구가 ____________________.

2)

가: 요즘 술도 안 마시고 운동을 열심히 하시네요.

나: 의사 선생님이 ____________________.

3)

가: 요코가 ____________________.

나: 그래? 빨리 가자.

4)

가: 숙제는 언제까지 내야 돼요?

나: 선생님께서 ____________________.

문법❸ -아/어 놓다

연습 1 다음 표를 완성하십시오.

-아 놓다		-어 놓다		해 놓다	
사다	사 놓다	치우다	치워 놓다	예매하다	예매해 놓다
찾다		넣다		세탁하다	
*고르다		열다		보관하다	

연습 2 대화를 완성하십시오.

1) 가: 오늘 무슨 요리할 거예요? 재료는 다 샀어요?
   나: 네, 아침에 미리 재료를 ______________________. (준비하다)

2) 가: 오늘 생일 파티 할 식당을 예약했어요?
   나: 네, 제 이름으로 ______________________. (예약하다)

3) 가: 김치 담그는 방법을 잊어버렸어요.
   나: 어제 수진 씨가 알려 줘서 제가 ______________________. (쓰다)

연습 3 대화를 완성하십시오.

끄다	예매하다	열다

1) 가: 날씨가 더워서 창문을 ______________ 괜찮으세요?
   나: 네, 괜찮습니다.

2) 가: 아까 연락했는데 왜 연락을 못 받았어요?
   나: 미안해요. 수업 중이라 전화를 ______________.

3) 가: 이번 토요일에 같이 영화 볼래요? 제가 표를 ______________.
   나: 좋아요. 같이 가요.

-아/어 두다

연습 1 다음 표를 완성하십시오.

-아 두다		-어 두다		해 두다	
사다	사 두다	시키다	시켜 두다	준비하다	준비해 두다
놓다		적다		예약하다	
*모으다		읽다		저축하다	

연습 2 대화를 완성하십시오.

저축하다	찾다	보관하다	외우다	먹다

1) 가: 버스에 타기 전에 음식을 ______________. 3시간쯤 걸릴 거예요.
   나: 네, 먹고 왔어요.

2) 가: 짐을 어디에 둘까요?
   나: 저기에 있는 사물함에 ______________.

3) 가: 발표 준비 다 했어요?
   나: 네, 내용을 다 ______________.

4) 가: 회의 전에 필요한 자료를 미리 ______________?
   나: 네, 모두 준비했습니다.

5) 가: 토니 씨가 집을 샀다고 해요.
   나: 결혼 전에 ______________ 돈으로 집을 샀대요.

읽고 쓰기

1 **한국의 출산율에 대한 기사입니다. 다음을 읽고 질문에 답하십시오.**

출산율 OECD 최하위, (㉠)

최하위 수준인 한국 출산율 (단위=명)

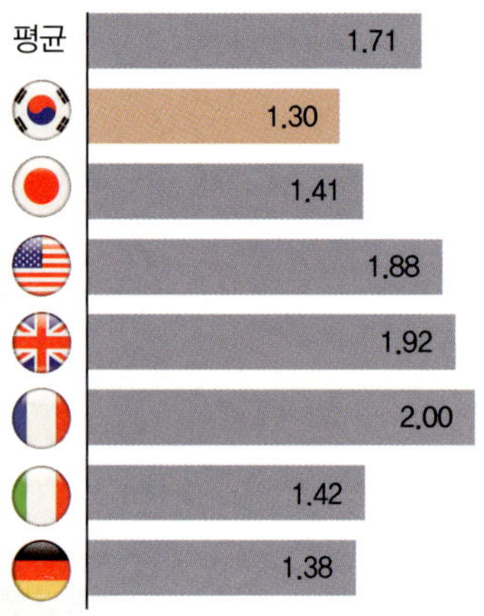

2012년 기준, 주요국 합계 출산율,
자료=OECD

2012년 OECD는 주요 국가 중 한국의 출산율이 최하위라고 발표했다. 이처럼 한국의 출산율이 낮은 이유는 다음과 같다.

첫째, 여성의 교육 수준이 높아지면서 사회 진출도 활발해졌기 때문이다. 또 물가는 오르는데 월급은 크게 오르지 않아 맞벌이를 하는 가정이 늘었기 때문이다. 그리고 직장에서의 스트레스가 늘면서 남성과 여성의 불임도 늘었기 때문이다. 또한 육아 휴직이 부족하다는 점, 보육 시설이 부족하다는 점도 들 수 있다.

1) (㉠)에 들어갈 제목으로 맞는 것을 고르십시오.

① 한국의 미래가 밝다
② 아이가 없어지는 한국
③ 아직 한국에 희망이 있다
④ 아이를 키우기 좋은 한국

2) 한국의 출산율이 낮은 이유로 맞는 것을 모두 고르십시오.

① 남편의 휴직
② 높은 임금 상승
③ 여성의 직장 생활 증가
④ 어린이집, 유치원의 부족

- [ ] OECD
- [ ] 최하위
- [ ] 수준
- [ ] 사회 진출
- [ ] 활발하다
- [ ] 맞벌이
- [ ] 가정
- [ ] 늘다
- [ ] 직장
- [ ] 불임
- [ ] 육아 휴직
- [ ] 보육 시설

2 기사를 읽고 내용을 요약하십시오. 그리고 낮은 출산율을 해결할 수 있는 방법도 쓰십시오.

순서		내용 요약
처음	OECD 조사 내용 소개	2012년 OECD 발표, 주요 국가 중 한국의 출산율이 최하위
중간	낮은 출산율의 이유	①
		②
		③
		④
끝	낮은 출산율의 해결 방법 제안	①
		②

3 위의 내용을 바탕으로 기사를 전달하는 글을 써 봅시다.

4 다음 달에 결혼하기로 했어요.

1 결혼 관련 표현입니다. 아래에 순서대로 쓰십시오.

결혼하다

상견례(를) 하다

신혼여행을 가다

약혼하다

예식장을 예약하다

집들이하다

청첩장을 돌리다

청혼하다

사귀다/연애하다 ⇨ ______ ⇨ ______

⇨ ______ ⇨ ______ ⇨ ______

⇨ ______ ⇨ ______ ⇨ 집들이하다

2 아래 어휘와 반대 의미를 가지는 단어를 골라서 쓰십시오.

약혼	시댁	신랑	신부	친정
파혼	사이가 좋다	모시고 살다	분가하다	사이가 나쁘다

신랑	↔	신부
친정	↔	
약혼	↔	
분가하다	↔	
사이가 좋다	↔	

3 다음을 알맞게 연결하십시오.

1) 부부	•	• 결혼할 때 신랑과 신부가 주고받는 물건
2) 예물	•	• 결혼식 때 신부가 시부모님과 시댁 어른들에게 절하는 일
3) 주례	•	• 남편과 아내
4) 폐백	•	• 결혼식을 진행하고 신랑, 신부에게 축복의 말을 하는 사람

문법❶ -기로 하다

연습 1 다음 달력의 일정을 보고 문장을 완성하십시오.

8월

일요일	월요일	화요일	수요일	목요일	금요일	토요일
			1	2	3	4
5	6	7	8	9	10 가족 대청소	11 집들이
12	13	14	15 광복절 가족 여행	16	17	18
19	20	21	22	23	24	25
26	27 고향 방문	28	29	30	31	

1) 10일 금요일에는 ________________.
2) 11일 토요일에는 우리 집에서 ________________.
3) 15일 광복절에는 ________________.
4) 27일 월요일에는 오래간만에 우리 ________________.

연습 2 대화를 완성하십시오.

보기 가: 주말에 뭐 할 거예요?
나: 친구와 영화를 보기로 했어요. (영화를 보다)

1) 가: 어린이날에 뭐 할 거예요?
나: 아이들하고 ________________. (놀이공원에 가다)

2) 가: 다이어트 하기로 했다면서요?
나: 네, 두 달 안에 ________________. (5킬로그램을 빼다)

3) 가: 새해 결심이 뭐예요?
나: ________________. (올해는 담배를 꼭 끊다)

연습 3 대화를 완성하십시오.

보기 가: 다음 달에 결혼식을 하기로 했는데 오실 수 있어요?
나: 네, 결혼식에 초대해 줘서 고마워요.

1) 가: ________________ 가족과 함께 오시겠어요?
나: 네, 그럼요. 집들이에 몇 시까지 가면 돼요?

2) 가: ________________ 같이 드실래요?
나: 미안해요. 저도 치킨 먹고 싶은데 약속이 있어요.

-다(가) 보면

연습 1 **문장을 완성하십시오.**

> **보기** 한국어를 계속 연습하다 / 잘할 수 있다
> ➡ 한국어를 계속 연습하다가 보면 잘할 수 있어요.

1) 꾸준히 운동하다 / 건강해지다

➡ ______________________________.

2) 자주 요리하다 / 음식이 맛있어지다

➡ ______________________________.

3) 뉴스를 계속 보다 / 한국어가 쉬워지다

➡ ______________________________.

4) 자주 운전하다 / 익숙해지다

➡ ______________________________.

연습 2 **대화를 완성하십시오.**

> **보기** 가: 한국에서 살기가 아직 어려워요.
> 나: 계속 살다 보면 익숙해질 거예요.

1) 가: 한국어 듣기가 아직 어려운 것 같아요.

나: 꾸준히 ______________________ 좋아질 거예요.

2) 가: 오랜만에 등산하니까 힘드네요.

나: 자주 ______________________ 좀 더 쉬워질 거예요.

3) 가: 다문화가족지원센터가 어디에 있나요?

나: 이 길로 5분 정도 ______________________ 오른쪽에 센터가 보일 거예요.

문법❸ -더라도

연습 1 문장을 완성하십시오.

보기 바쁘다 / 꼭 참석하다
➡ 바쁘더라도 꼭 참석해 주세요.

1) 고향에 돌아가다 / 선생님을 잊지 말다

➡ ______________________________.

2) 무슨 일이 있다 / 올해는 시험에 합격하다

➡ ______________________________.

3) 비싸다 / 질이 좋으면 사다

➡ ______________________________.

4) 한국말을 잘 못하다 / 이해해 주다

➡ ______________________________.

연습 2 대화를 완성하십시오.

보기 가: 한국어가 너무 어려워요.
나: 어렵더라도 열심히 해 보세요.

1) 가: 바빠서 아침밥을 못 먹어요.

나: ______________________________.

2) 가: 시간이 없어서 부모님께 자주 전화를 못 드려요.

나: ______________________________.

3) 가: 주말에 비가 온다고 하는데 어떡해요?

나: ______________________________.

1 여러분 나라에서는 결혼하기 전에 무엇을 가장 먼저 해요? 결혼식이 끝난 후에는 무엇을 해요?

2 한국의 결혼 문화에 대한 글입니다. 다음을 읽고 질문에 답하십시오.

한국의 결혼식

한국에서는 사귀는 두 사람이 결혼을 하기로 하면 먼저 상견례라고 하는 것을 한다. 상견례는 결혼하기 전에 두 가족이 처음 서로 만나는 자리이다. 상견례를 하고 나면 결혼식 날짜를 정하고 결혼 준비를 시작한다.

먼저, 예식장을 결정하고 나면 보통 웨딩 촬영을 한다. 웨딩 촬영은 결혼식 전에 하는데, 공원 등에서 웨딩드레스와 턱시도를 입고 모델처럼 멋지게 사진을 찍는다. 처음에는 조금 부끄러워서 멋진 사진을 찍기가 힘들다. 하지만 조금 부끄럽더라도 계속 사진을 찍다 보면 모델처럼 멋있는 사진을 찍을 수 있다.

다음으로 결혼식에 올 사람들을 초대하기 위해서 '청첩장'을 만들어서 돌린다. 요즘은 종이 청첩장 대신에 휴대 전화 메시지로 청첩장을 주고받기도 하는데 이것을 예의가 없다고 해서 좋아하지 않는 사람도 있다. 한국에서는 결혼식에 신랑과 신부의 친구뿐만 아니라 친척과 부모님들이 아는 손님들도 초대하기 때문에 청첩장을 많이 만든다. 그래서 신랑, 신부를 잘 모르더라도 결혼식에 참석하는 사람도 있다. 결혼식이 끝나면 가족과 친척들이 다 함께 사진을 찍는다. 그 후에는 시댁 어른들께 폐백을 드리는데 최근에는 폐백을 안 하는 결혼식도 늘어나고 있다.

1) 윗글은 어떤 글입니까?

① 한국의 결혼 문화에 대해서 설명하는 글이다.
② 사진을 멋지게 잘 찍는 방법을 말하는 글이다.
③ 한국 사람과 결혼하는 방법을 가르쳐 주는 글이다.
④ 한국의 예식장 문화에 대해서 알려 주는 글이다.

2) 위의 내용과 같은 것을 고르십시오.

① 한국에서는 결혼식을 하기 전에 폐백을 드린다.
② 한국 결혼식에는 신랑, 신부의 친구만 초대한다.
③ 한국에서 결혼식이 끝나면 모델처럼 사진을 찍는다.
④ 한국에서는 상견례를 하고 나서 결혼식 날짜를 정한다.

☐ 처음 ☐ 부끄럽다 ☐ 웨딩 ☐ 촬영(을) 하다 ☐ 턱시도 ☐ 주고받다 ☐ 예의가 없다

3 여러분 나라의 결혼 문화에 대한 질문에 답하십시오.

1	결혼식은 어디에서 합니까?	
2	결혼 준비는 누가 합니까? (신랑, 신부, 가족, 친구 등)	
3	결혼식 후 피로연 파티는 어떻게 합니까?	
4	한국의 결혼식이 여러분 나라의 결혼식과 다른 점은 무엇입니까?	

4 위의 내용을 바탕으로 여러분 나라의 결혼 문화에 대해서 써 봅시다.

5 임신 축하해요!

1 문장을 완성하십시오.

태몽	출산	임신	입덧
태교	임산부	산후조리	태명

1) 얼마 전에 결혼한 우리 언니가 ________ 을/를 했다.

2) 임신한 언니는 내년 여름에 ________ 예정이다.

3) 임신을 했을 때는 좋은 음악을 들으면서 ________ 을/를 하는 것이 좋다고 한다.

4) 옛날에는 산모들이 출산 후에 집에서 미역국을 먹으면서 ________ 을/를 많이 했는데 요즘에는 그것을 전문적으로 하는 곳이 많이 생겼다.

5) 지하철을 타면 몸이 무거운 ________ 을/를 위한 자리가 있다.

6) 어제 꿈에 커다란 복숭아가 나왔다. 친구에게 그 이야기를 했더니 ________ (이)라고 했다.

7) 건강한 아이를 낳고 싶어서 배 속 아기의 ________ 을/를 '튼튼이'라고 지었다.

8) 아내가 임신을 하니까 ________ 때문에 음식을 통 못 먹는다.

2 대화를 완성하십시오.

아이를 가지다	아이가 태어나다	아이를 낳다

1) 가: 미영 씨의 배를 보니까 ________________.
나: 그래요? 몇 개월이 되었을까요?

2) 가: 누나가 어제 ________________. 그래서 병원에 가요.
나: 와, 정말요? 축하해요.

3) 가: 준호 씨, 요즘 무슨 좋은 일 있어요? 기분이 좋아 보여요.
나: 얼마 전에 누나의 ________________.
가: 그래요? 축하해요.

3 그림을 보고 그림에 맞는 출산용품의 이름을 골라서 쓰십시오.

모빌	보행기	배냇저고리	유모차
젖병	손/발싸개	기저귀	분유
아기 띠	턱받이	욕조	딸랑이

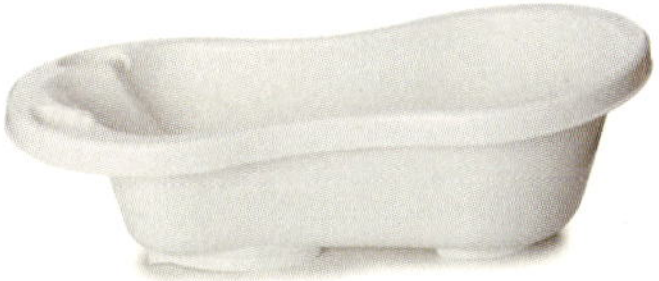

문법❶ -자마자

연습 1 다음 그림을 보고 문장을 완성하십시오.

1) 

______________________________.

2) 

______________________________.

3) 

______________________________.

연습 2 알맞게 연결하고 대화를 완성하십시오.

1)	집에 도착하다	서로 호감을 느끼다
2)	시험이 끝나다	옷을 갈아입다
3)	침대에 눕다	여행을 가고 싶다
4)	처음 만나다	잠이 들었다

1) 가: 집에 도착하면 무엇을 먼저 해요?

나: 저는 집에 도착하자마자 옷을 갈아입어요.

2) 가: 시험이 끝나면 뭐 하고 싶어요?

나: ______________________________.

3) 가: 어제 여러 번 전화했는데…….

나: 미안해요. 제가 어제 너무 피곤해서 ______________________________.

4) 가: 두 분은 어떻게 사귀게 되셨어요?

나: ______________________________.

-거든요

연습 1 알맞게 연결하고 문장을 완성하십시오.

1) 주말에 동대문 시장에 가다	•	• 회사가 휴가다
2) 다음 주에 제주도에 가다	•	• 인스턴트 음식을 좋아하다
3) 남편이 배가 많이 나왔다	•	• 세일을 하고 있다
4) 재래시장에 가는 것을 좋아하다	•	• 백화점보다 싸고 싱싱하다

1) 주말에 동대문 시장에 갈 거예요. 지금 세일을 하고 있거든요.

2) ______________________.

3) ______________________.

4) ______________________.

연습 2 대화를 완성하십시오.

오시다	있다	많다	기다리다

1) 가: 왜 그렇게 서둘러요?
   나: 미안해요. 집에서 아이가 기다리거든요.

2) 가: 다음 주 약속을 못 지킬 것 같아요. 고향에서 부모님이 ______________.
   너무 미안해요.
   나: 괜찮아요. 오랜만에 부모님이 오시는데요.

3) 가: 꽃 예쁘네요. 무슨 일로 꽃을 샀어요?
   나: 오늘 친한 친구의 생일 파티가 ______________.

4) 가: 한국어능력시험(TOPIK) 합격을 진심으로 축하해요.
   나: 고마워요. 그런데 좀 부끄럽네요. 우리 반에 저보다 더 잘하는 사람이 ______________.

문법❸ -아/어야겠어요

연습 1 다음 표를 완성하십시오.

-아야겠어요		-어야겠어요		-해야겠어요	
가다	가야겠어요	읽다	읽어야겠어요	요리하다	요리해야겠어요
앉다		쉬다		공부하다	
오다		마시다		숙제하다	
보다		배우다		청소하다	
*돕다		*듣다		빨래하다	

연습 2 다음 표를 보고 문장이나 대화를 완성하십시오.

상황	결심 또는 계획
1) 건강이 안 좋아졌다	운동을 시작하다
2) 부모님이 보고 싶다	오늘 부모님께 전화를 드리다
3) 요즘 입을 옷이 없다	백화점에 가서 옷을 좀 사다
4) 우리 아이가 소풍을 가다	도시락으로 김밥을 싸다
5) 다음 주에 한국어 시험이 있다	오늘부터 열심히 공부하다

1) 건강이 안 좋아졌어요. 운동을 시작해야겠어요.

2) 부모님이 보고 싶어요. ________________.

3) 요즘 입을 옷이 없어요. ________________.

4) 가: 내일 우리 아이가 소풍을 가요.
나: 그래요? 그럼 ________________.

5) 가: 다음 주에 한국어 시험이 있어요.
나: 그래요? ________________.

1 여러분은 잠을 잘 때 꿈을 자주 꿉니까? 어떤 특별한 꿈을 꾼 적이 있습니까?

2 어떤 특별한 꿈에 대한 이야기입니다. 다음을 읽고 질문에 답하십시오.

꿈은 '잠을 자면서 어떤 것을 체험하는 것'이라고 합니다. 누구든지 잠을 자면 꿈을 꾸게 됩니다. 물론 우리는 대부분의 꿈을 기억하지 못하지만 잠을 자는 사람은 모두 꿈을 꿉니다.

이런 꿈 가운데 한국에는 조금 특별한 꿈이 있습니다. 그것은 바로 '태몽'입니다. 태몽은 아기를 가진 임산부나 그 주변 사람들이 출산 전에 꾸는 꿈을 말합니다. 한국 사람들은 태몽으로 태어날 아기의 (㉠)(이)나 미래의 모습을 추측해 보기도 합니다. 예를 들어 꿈에 과일이나 꽃이 나오면 여자 아기가, 커다란 동물 등이 나오면 남자 아기가 태어날 것이라고 생각합니다. 또한 태몽으로 아기의 미래도 추측할 수 있습니다. 예를 들면 한국인이 가장 존경하는 사람인 세종 대왕은 태몽으로 하늘의 큰 해를 보았다고 합니다. 이런 태몽은 100% 믿을 수 있는 것은 아니지만 임산부와 주변 사람들이 아기에 대해서 얼마나 기대를 하고 있는지를 보여 주는 것입니다.

이런 이유로 한국에서는 아기를 가진 사람을 보면 태몽이 무엇인지 물어보고 실제로 나중에 아기가 태어나면 자신의 (㉡)이/가 맞았는지 확인하기도 합니다. 여러분도 여러분의 태몽에 대해 들어 본 적이 있습니까?

1) 태몽은 무엇입니까? 태몽의 의미를 찾아서 쓰십시오.

____

2) ㉠에 들어갈 말로 맞는 것은 무엇입니까?

① 이름　　② 직업　　③ 국적　　④ 성별

3) ㉡에 들어갈 말로 맞는 것은 무엇입니까?

① 결정　　② 추측　　③ 예약　　④ 계산

4) 맞으면 ○, 틀리면 × 하십시오.

① 대부분의 사람은 잠잘 때 꾼 꿈을 기억한다. (　　)
② 태몽은 정확한 것이기 때문에 믿을 만하다. (　　)
③ 태몽은 아이를 가진 임산부가 꾼 것만을 말한다. (　　)

☐ 체험하다　☐ 특별하다　☐ 추측하다　☐ 예　☐ 들다
☐ 존경하다　☐ 해　☐ 기대(를) 하다　☐ 실제로

3 자신의 가족계획이나 출산 경험에 대한 글을 써 봅시다.

1) 자신의 현재 자녀나 미래에 태어날 자녀에 대해 다음 표를 완성하십시오.

①	자녀의 수	
②	태몽	
③	태명 (그 태명을 지은 이유)	
④	자녀의 이름 (그 이름을 지은 이유)	
⑤	자녀에게(자녀의 미래에 대해) 바라는 것	

2) 위의 메모를 바탕으로 글을 써 봅시다.

6 어린이집이 좀 가까웠으면 좋겠어요.

1 한국의 국경일과 기념일입니다. 무슨 날입니까? 아래에 써 보십시오.

3월

일	월	화	수	목	금	토
				1	2	3
4	5	6	7	8	9	10
11	12	13	14	15	16	17
18	19	20	21	22	23	24
25	26	27	28	29	30	31

4월

일	월	화	수	목	금	토
1	2	3	4	5	6	7
8	9	10	11	12	13	14
15	16	17	18	19	20	21
22	23	24	25	26	27	28
29	30					

5월

일	월	화	수	목	금	토
		1	2	3	4	5
6	7	8	9	10	11	12
13	14	15	16	17	18	19
20	21	22	23	24	25	26
27	28	29	30	31		

5월

일	월	화	수	목	금	토
		1	2	3	4	5
6	7	8	9	10	11	12
13	14	15	16	17	18	19
20	21	22	23	24	25	26
27	28	29	30	31		

5월

일	월	화	수	목	금	토
		1	2	3	4	5
6	7	8	9	10	11	12
13	14	15	16	17	18	19
20	21	22	23	24	25	26
27	28	29	30	31		

5월

일	월	화	수	목	금	토
		1	2	3	4	5
6	7	8	9	10	11	12
13	14	15	16	17	18	19
20	21	22	23	24	25	26
27	28	29	30	31		

6월

일	월	화	수	목	금	토
					1	2
3	4	5	6	7	8	9
10	11	12	13	14	15	16
17	18	19	20	21	22	23
24	25	26	27	28	29	30

7월

일	월	화	수	목	금	토
1	2	3	4	5	6	7
8	9	10	11	12	13	14
15	16	17	18	19	20	21
22	23	24	25	26	27	28
29	30	31				

8월

일	월	화	수	목	금	토
			1	2	3	4
5	6	7	8	9	10	11
12	13	14	15	16	17	18
19	20	21	22	23	24	25
26	27	28	29	30	31	

10월

일	월	화	수	목	금	토
	1	2	3	4	5	6
7	8	9	10	11	12	13
14	15	16	17	18	19	20
21	22	23	24	25	26	27
28	29	30	31			

10월

일	월	화	수	목	금	토
	1	2	3	4	5	6
7	8	9	10	11	12	13
14	15	16	17	18	19	20
21	22	23	24	25	26	27
28	29	30	31			

10월

일	월	화	수	목	금	토
	1	2	3	4	5	6
7	8	9	10	11	12	13
14	15	16	17	18	19	20
21	22	23	24	25	26	27
28	29	30	31			

2 다음은 한국의 명절인 '설'과 '추석'에 하는 일입니다. 무엇을 합니까?

차례를 지내다	성묘를 가다	떡국을 먹다
송편을 먹다	세배를 하다	세뱃돈을 주다/받다

차례를 지내다

3 다음은 한국의 전통 놀이입니다. 무엇을 해 봤습니까?

제기차기를 하다	널뛰기를 하다	연을 날리다	윷놀이를 하다

널뛰기를 하다

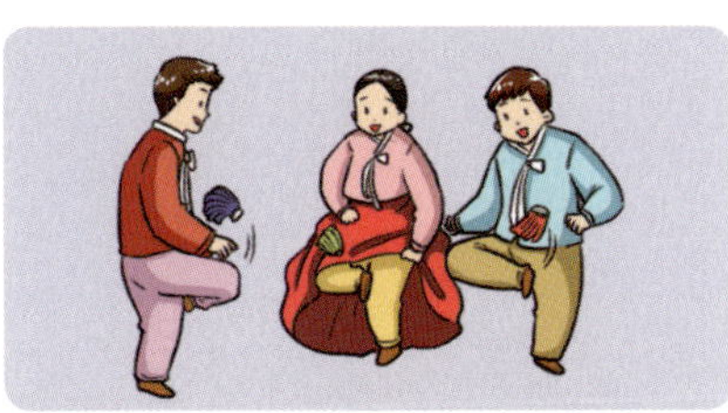

문법❶ -았/었으면 좋겠다

연습 1 대화를 완성하십시오.

받다   싸다   따뜻해지다   이사 가다   낫다

보기 가: 이번 시험에서 좋은 성적을 받고 싶어요.
나: 저도요. 꼭 좋은 성적을 받았으면 좋겠어요.

1) 가: 과일 가격이 너무 비싸네요.
나: 이제 추석이라서 그래요. 과일 가격이 좀 ________________.

2) 가: 요즘 날씨가 너무 추워요.
나: 맞아요. 날씨가 좀 빨리 ________________.

3) 가: 회사가 멀어서 출퇴근이 힘들겠어요.
나: 네, 좀 가까운 동네로 ________________.

4) 가: 미라 씨 아이가 병원에 입원했대요.
나: 정말요? 빨리 ________________.

연습 2 여러분은 어떤 소망이 있습니까? 세 가지만 쓰십시오.

-(으)ㄹ 텐데

연습 1 알맞게 연결하고 문장을 완성하십시오.

1) 비가 오다	우리 집에 놀러 올래요?
2) 새것을 사면 비싸다	우산을 챙기세요.
3) 조금 후에 애들 학교가 끝나다	중고를 알아보세요.
4) 주말에 혼자 있으면 심심하다	빨리 집에 갑시다.

1) 비가 올 텐데 우산을 챙기세요 ______.

2) ______.

3) ______.

4) ______.

연습 2 대화를 완성하십시오.

사람이 많다　　많이 피곤하다　　음식이 맵다　　배가 고프다　　늦게 끝나다

보기 가: 주말이라서 사람이 많을 텐데 좀 일찍 출발할까요?
나: 네, 그래야 할 것 같아요.

1) 가: 어제 늦게 자서 ______ 일찍 집에 가서 쉬세요.
나: 네, 오늘은 일찍 가려고요.

2) 가: 외국인한테는 좀 ______ 먹을 수 있겠어요?
나: 네, 저는 매운 음식을 잘 먹는 편이에요.

3) 가: 오늘은 회사 앞으로 제가 갈게요. 몇 시까지 갈까요?
나: 오늘은 야근이라서 ______ 기다릴 수 있겠어요?

4) 가: 점심시간이 지나서 ______ 빨리 드세요.
나: 네, 고맙습니다.

문법❸ -고요

연습 1 문장을 완성하십시오.

바람이 많이 불다	메뉴도 다양하다	우비도 입다
공깃밥도 하나 주시다	목소리도 좋다	

보기 밖에 눈이 엄청 많이 내려요. 바람도 많이 불고요.

1) 새로 생긴 식당이 음식이 맛있어서 손님이 많아요. ______________________.

2) 저 가수가 노래를 잘 불러서 모든 사람들에게 인기가 많아요. ______________________.

3) 콜라 한 병 주세요. ______________________.

4) 밖에 비가 많이 와요. 외출하려면 우산을 들고 가세요. ______________________.

연습 2 대화를 완성하십시오.

보기 가: 얼마 전에 이사 가셨지요? 새로 이사 간 동네가 어때요?
나: 너무 좋아요. 동네가 아주 조용해요. 아이 학교도 가깝고요. (가깝다)

1) 가: 저녁에 늦을 거 같아요. 우리 아이 저녁 좀 먹여 주세요. ______________________.
(숙제도 봐 주다)
나: 알았어요. 걱정 말고 천천히 와요.

2) 가: 그럼 우리 다문화가족지원센터 앞에 있는 커피숍에서 만날까요?
나: 음, 거긴 좀 시끄러울 텐데요. ______________________. (직원도 친절하지 않다)

3) 가: 회사 생활이 어때요?
나: 아주 재미있어요. ______________________. (회사 동료들도 좋다)

4) 가: 어디가 아파서 오셨어요?
나: 목이 아파서 왔어요. ______________________. (기침도 많이 하다)

5) 가: 이 영화 봤어요? 여기에 나오는 남자 배우가 진짜 멋있던데요.
나: 그렇죠? 정말 잘생겼어요. ______________________. (연기도 잘하다)

1 **여러분은 일출을 본 적이 있습니까? 언제, 어디에서 봤습니까?**

2 **에이미 씨의 이야기입니다. 다음을 읽고 질문에 답하십시오.**

우리 가족은 12월 31일 밤 12시에 청량리역에서 기차를 타고 일출을 보러 강릉에 갔습니다. 기차는 새벽 6시쯤 강릉역에 도착했습니다. 정동진 해변에는 일출을 보러 온 가족들과 연인들이 많이 있었습니다. 우리는 해변 근처의 커피숍에서 따뜻한 차를 마시면서 해가 뜨기를 기다렸습니다. 7시 40분이 되었습니다. 드디어 하늘이 밝아지면서 해가 뜨기 시작했습니다. 우리는 해가 뜨는 것을 바라보면서 소원을 빌었습니다. 저는 남편에게 새해 소원이 무엇이냐고 물었습니다. 남편은 새해에는 온 가족이 건강하고, 매일 즐거운 일만 있었으면 좋겠다고 했습니다.

해가 뜬 후에 해변에서는 '풍선에 소원 쓰기 행사', '소원 카드 쓰기 행사' 등 다양한 행사들이 열렸습니다. 아이들은 풍선에 소원을 써서 하늘에 날렸습니다. 그리고 우리 부부는 소원 카드에 소원을 써서 나뭇가지에 묶었습니다. 오후에 우리는 근처 식당에 가서 떡국을 먹었습니다.

새해 첫날부터 가족과 함께 즐거운 시간을 보내서 기분이 무척 좋았습니다. 그리고 저의 소원도 꼭 이루어질 것 같았습니다. 저의 소원이 뭐냐고요? 저의 소원은 우리 가족 소원이 모두 이루어지는 것입니다.

1) 이 사람은 정동진에 왜 갔습니까?

____

2) 에이미 씨와 남편의 새해 소원은 무엇입니까?

에이미: ______________________________

남편: ______________________________

3) 에이미 씨는 어디에서 무엇을 했습니까? 순서대로 번호를 쓰십시오.

☐ → ☐ → ☐ → ☐ → ☐ → ☐

☐ 일출 ☐ 해변 ☐ 연인 ☐ 드디어 ☐ 뜨다

☐ 소원을 빌다 ☐ 새해 ☐ 행사 ☐ 이루어지다

3 여러분 나라에는 어떤 특별한 날이 있습니까? 메모해 보십시오.

언제	새해 첫날
하는 일	1. 일출 보면서 소원 빌기 2. 떡국 먹기 3. 세배하기

4 위의 메모를 바탕으로 여러분 나라의 특별한 날을 소개하는 글을 써 봅시다.

7 이 집은 남향인 데다가 교통도 편리해요.

1 문장을 완성하십시오.

월세	전세	보증금	기숙사	원룸
오피스텔	빌라	아파트	주택	부동산

1) 한 달에 한 번 내는 ____________ 이/가 너무 비싸서 전세로 이사하고 싶어요.

2) 우리 나라는 마당이 있는 ____________ 이/가 많은데 한국은 고층 ____________ 이/가 많아요.

3) 집을 구하려면 스마트폰 앱으로 구하거나 ____________ 에 가 보세요.

4) 학교 안에 있는 ____________ 에 살면 교통비가 안 들어서 편한 거 같아요.

5) 전세는 우리 나라에는 없어요. 다른 집으로 이사할 때 집주인에게 ____________ 을/를 전부 돌려받을 수 있는 게 신기해요.

2 여러분은 어떤 집으로 이사하고 싶습니까? 중요하게 생각하는 것을 두 가지 골라 보십시오.

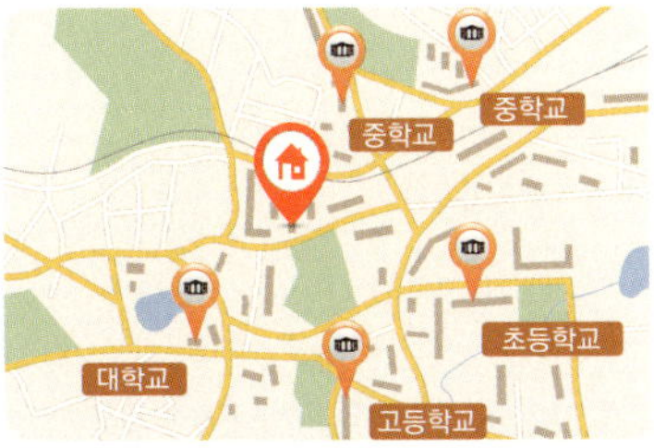

☐ 학군이 좋다

☐ 전망이 좋다

☐ 공기가 좋다

☐ 집이 넓다

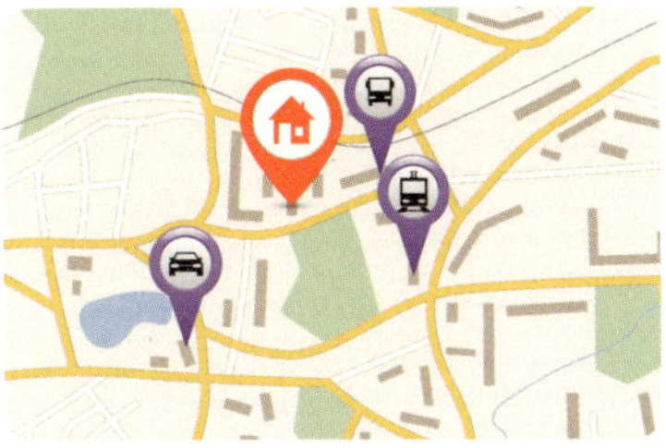

☐ 교통이 편리하다

☐ 집값이 싸다

☐ 남향이다

☐ 주차가 편하다

문법❶ -아/어 가지고

연습 1 **대화를 완성하십시오.**

1) 가: 오늘 왜 집에 일찍 가요?
   나: 너무 ____________________ 집에 일찍 가서 쉬어야겠어요. (피곤하다)

2) 가: 왜 에어컨을 켰어요?
   나: 날씨가 너무 ____________________ 못 참겠어요. (덥다)

3) 가: 오늘 왜 파티에 못 가요?
   나: 미안해요. 저도 가고 싶은데 아들이 ____________________ 파티에 못 가요. (아프다)

4) 가: 선생님에게 왜 연락을 안 했어요?
   나: 선생님 전화번호를 ____________________ 연락을 못 했어요. (모르다)

연습 2 **그림을 보고 대화를 완성하십시오.**

보기

가: 밥 더 드릴까요?
나: 아니요, 많이 먹어 가지고 이제 배불러요.

1)

가: 왜 가방을 안 사요?
나: 마음에 드는데 너무 ________________ 못 사겠어요.

2)

가: 여행은 어땠어요?
나: 재미있었어요. 그런데 날씨가 ______________ 좀 힘들었어요.

3)

가: 무슨 일 있어요? 왜 이렇게 안색이 안 좋아요?
나: 우리 아기가 밤에 잠을 ______________ 피곤해 죽겠어요.

연습 1 대화를 완성하십시오.

말하다	도와주다	하다	일하다

1) 가: 내일 시험인데 너무 떨리고 긴장돼요.
   나: 걱정하지 마세요. 지금까지 열심히 ______________ 좋은 결과가 있을 거예요.

2) 가: 이렇게 오래 살아도 한국 사람이 하는 말을 못 알아들을 때 너무 속상해요.
   나: 맞아요. 저도 그럴 때가 있어요. 한국 사람이 ______________ 유창하게 할 수 있으면 좋겠어요.

3) 가: 요즘 아내가 육아 때문에 많이 힘든가 봐요. 저한테 짜증을 낼 때도 있어요.
   나: 그럴 때는 아내를 더 많이 도와주세요. 석훈 씨가 아내를 ______________ 아내의 짜증도 줄 거예요.

4) 가: 미영 씨는 언제가 가장 행복해요?
   나: 당연히 월급날이죠. 한 달 동안 열심히 ______________ 돈으로 받는 날이잖아요.

연습 2 알맞게 연결하고 문장을 완성하십시오.

	조건	비례하는 결과
보기	방이 좁다	맛있다
1)	음식이 비싸다	물건이 별로 없다
2)	교통이 편리하다	보람이 있다
3)	육아는 힘들다	집값이 비싸다

보기 제 방은 방이 좁은 만큼 물건이 별로 없어요.

1) 이 식당은 ______________________________.

2) 이 집은 ______________________________.

3) 육아는 ______________________________.

문법❸ -(으)ㄴ/는 데다가

연습 1 문장을 완성하십시오.

보기 이 집은 남향이에요. 게다가 전망도 좋아요.
➡ <u>이 집은 남향인 데다가 전망도 좋아요.</u>

1) 우리 남편은 키가 커요. 게다가 잘생겼어요.

➡ ______________________________.

2) 아미르 씨는 한국어를 잘해요. 게다가 영어도 잘해요.

➡ ______________________________.

3) 이 식당은 음식이 맛있어요. 게다가 주인도 친절해요.

➡ ______________________________.

연습 2 그림을 보고 대화를 완성하십시오.

보기

새집이다 / 위치도 좋다

가: 이 집은 왜 이렇게 비싸요?

나: 이 집은 <u>새집인 데다가 위치도 좋아요.</u>

1)

공부를 잘하다 / 성격도 좋다

가: 흐엉 씨는 어떤 사람이에요?

나: 흐엉 씨는 ______________________________.

2)

어둡다 / 좁다

가: 방이 마음에 들어요?

나: 아니요, 제 방은 ______________________________.

3)

바람이 많이 불다 / 비도 많이 오다

가: 오늘 서울 날씨는 어때요?

나: 오늘은 ______________________________.

1 여러분 나라의 전통 집은 어떻게 생겼습니까?

2 몽골의 전통 집에 대한 글입니다. 다음을 읽고 질문에 답하십시오.

저는 몽골에서 온 자가라고 합니다. 우리 나라의 전통 집은 게르라고 합니다. 게르는 나무와 동물의 털로 만든 천을 이용해서 만듭니다. 지금도 몽골의 시골에서는 게르를 자주 볼 수 있습니다. 게르는 돌아다니면서 동물을 키우는 사람들이 주로 사용합니다. 그 사람들은 날씨에 따라서 동물을 데리고 이사해야 하기 때문에 만들기도 쉽고 가지고 다닐 수 있는 재료를 이용해서 게르를 짓습니다.

또한 몽골은 바람이 많이 불기 때문에 게르의 모양을 원형으로 만듭니다. 게르는 원룸과 비슷합니다. 방과 부엌이 같이 있습니다. 게르의 가운데에는 화로가 있어서 요리를 할 수 있고 난방도 할 수 있습니다. 하지만 화장실이 안에 없어서 좀 불편합니다.

몽골에 여행을 가면 게르에서 한번 자 보세요. 특별한 경험이 될 것입니다.

1) 게르를 주로 누가 이용합니까?

____

2) 다음 중 맞는 것을 고르십시오.

① 게르는 동물의 뼈와 털로 만든다.
② 게르는 몽골의 시골에서 많이 볼 수 있다.
③ 게르 안에는 부엌과 방과 화장실이 있다.
④ 게르는 추운 겨울에 동물들이 사는 집이다.

☐ 털 ☐ 천 ☐ 돌아다니다 ☐ 원형 ☐ 화로 ☐ 난방

3 다음과 같이 여러분 나라의 전통 집에 대해서 메모를 하십시오.

전통 집	게르	
재료	나무, 동물의 털로 만든 천	
좋은 점	만들기가 쉽다. 가지고 이사할 수 있다	
불편한 점	화장실이 밖에 있다.	

4 위의 메모를 바탕으로 여러분 나라의 전통 집에 대해서 글을 써 봅시다.

__________ 을/를 소개합니다

우리 나라의 전통 집은 __________

8 화장실 타일이 많이 깨져 있어요.

1 여러분 집의 화장실과 주방에는 무엇이 있습니까? 다음 빈칸에 써 넣으십시오.

타일
변기
욕조
세면대
배수구
샤워기
싱크대
수도꼭지
개수대
벽지
전구

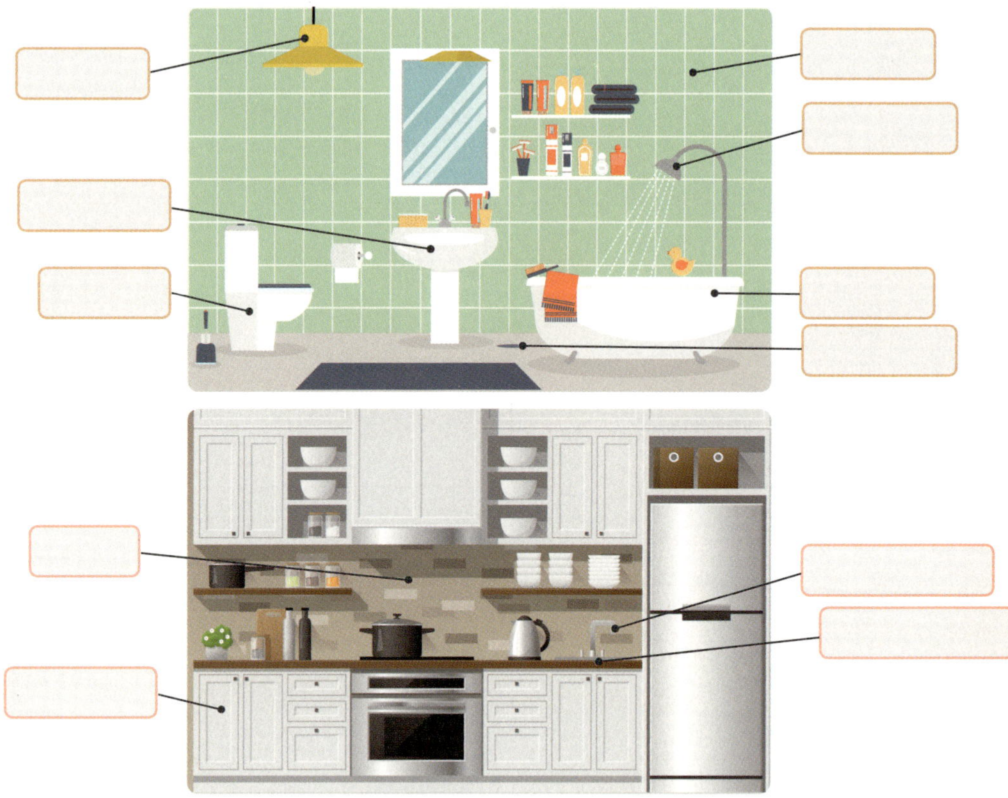

2 주방에 무엇이 고장 났습니까? 이야기해 보십시오.

창문/타일이 깨지다 　 싱크대 배수구가 막히다(물이 안 내려가다) 　 문이 안 닫히다
이상한 소리가 나다 　 전구가 나가다 　 물이 새다 　 벽지가 찢어지다

2-1 집에 무엇이 고장 났습니까? 집주인에게 전화해서 수리를 부탁하십시오.

나　　트: 저희 집 주방 창문이 깨졌어요. 창문 유리를 갈아야겠어요.

아주머니: 아, 그래요. 조금 후에 가 볼게요.

3 물건이 고장 난 적이 있습니까? 어떻게 했습니까?

수리 비용을 내다	고장이 나다	고장에 대해 문의하다	A/S를 신청하다
출장 서비스를 받다	수리하다/고치다	무상으로 서비스를 받다	

한 달 전에 컴퓨터가 고장 났어요.

컴퓨터를 산 지 1년이 안 돼서 무상 서비스를 받을 수 있었어요.

그래서 전화로 A/S를 신청했어요.

그리고 출장 서비스를 받았어요.

기사님이 와서 컴퓨터를 고쳐 줬어요.

문법❶ 피동

연습 1 다음 표를 완성하십시오.

이/가 (+에게) + 피동사		
-이-	보다	보이다
	치다	
-히-	잡다	
	먹다	
-리-	팔다	
	물다	
	깔다	
-기-	안다	
	뺏다	
	쫓다	

이/가 + 피동사		
-이-	놓다	놓이다
	쌓다	
-히-	닫다	
	막다	
-리-	열다	
	흔들다	
	걸다	
	*듣다	
-기-	끊다	
	찢다	

연습 2 맞는 것을 고르십시오.

1) 범인이 경찰에게 (쫓고/쫓기고) 있어요.
   경찰이 범인을 (쫓고/쫓기고) 있어요.

2) 너무 추워서 문을 (닫았어요/닫혔어요).
   바람 때문에 문이 저절로 (닫았어요/닫혔어요).

3) 광고 전화라서 전화를 그냥 (끊었어요/끊겼어요).
   부모님이랑 전화하고 있는데 전화가 갑자기 (끊었어요/끊겼어요).

4) 휴대폰의 글자가 너무 작아서 잘 안 (봐요/보여요).
   수업 시간에 왜 휴대폰을 (봐요/보여요)?

5) 그 식당 음식은 인기가 많아서 금방 다 (팔아요/팔려요).
   그 과일 가게는 싸게 (팔아요/팔려요).

6) 감기에 걸려서 코가 (막았어요/막혔어요).
   경찰들이 길을 (막고/막히고) 음주 단속을 하고 있어요.

-아/어지다 2

연습 1 **맞는 것을 고르십시오.**

1) 휴대폰이 떨어져서 액정이 (깼어요/깨졌어요).

2) 제가 실수로 그릇을 떨어뜨려서 (깼어요/깨졌어요).

3) 제가 바닥에 국물을 (쏟았어요/쏟아졌어요). 조심하세요.

4) 아이 때문에 우유가 바닥에 (쏟았어요/쏟아졌어요).

5) 컴퓨터가 고장 났어요. 자꾸 저절로 (꺼요/꺼져요).

6) 외출할 때는 잊지 말고 에어컨을 (끄세요/꺼지세요).

7) 아이 장난감이 (부쉈어요/부서졌어요).

8) 전화가 (끊었어요/끊어졌어요).

9) 아이가 제 한국어 공책을 (찢었어요/찢어졌어요).

10) 프린터에 종이가 걸려서 종이가 (찢었어요/찢어졌어요).

11) 제 꿈이 웹 디자이너였는데 그 꿈이 (이루었어요/이루어졌어요).

12) 세종 대왕이 한글을 (만들었어요/만들어졌어요).

13) 아이가 벽에 그림을 그렸는데 (지우지 않아요/지워지지 않아요).

14) 아이가 자니까 텔레비전을 (켜지 마세요/켜지지 마세요).

15) 세탁기가 고장 났나 봐요. (켜지 않아요/켜지지 않아요).

문법❸ -아/어 있다

연습 1 아이들만 집에 두고 장을 보러 갔다 왔습니다. 뭐가 어떻게 바뀌었는지 자세히 설명하십시오.

꺼지다	놓이다	쏟아지다	깨지다	내려지다	열리다
닫히다	켜지다	올려지다	걸리다	찢어지다	떨어지다

	장 보러 가기 전	장 보고 돌아온 후
컴퓨터	꺼져 있었어요.	켜져 있어요.
텔레비전		
물병		
물컵		
물		
서랍		
가족사진		
수첩		
블라인드		

1 여러분은 동화를 좋아합니까? 아이들에게 동화책을 읽어 준 적이 있습니까?

2 '헨젤과 그레텔' 동화 이야기입니다. 다음을 읽고 맞는 것을 고르십시오.

헨젤과 그레텔은 숲속에서 길을 잃었어요. 그런데 날은 점점 어두워지고 아무것도 보이지 않았어요. 그레텔이 무서워서 울기 시작했어요. 그런데 그때 과자로 만든 집이 하나 (봤어요/보였어요). 그래서 헨젤과 그레텔은 그 집으로 걸어갔어요. 아이들이 문 앞에 서 있는데 갑자기 문이 (열었어요/열렸어요). 헨젤과 그레텔은 집 안으로 들어갔어요. 들어가자마자 갑자기 집에 불이 (켰어요/켜졌어요). 그리고 무섭게 생긴 할머니가 나타났어요. 헨젤과 그레텔은 무서워서 도망가려고 했지만 문이 갑자기 '쾅' 하고 (닫았어요/닫혔어요). 헨젤과 그레텔은 할머니에게 "살려 주세요!"라고 했어요. 그때 갑자기 집이 (흔들기/흔들리기) 시작했어요. 그리고 식탁 위의 접시가 바닥으로 (떨어뜨렸어요/떨어졌어요).

3 위의 이야기를 다시 한번 읽으십시오. 그리고 이야기 순서에 맞게 번호를 쓰십시오.

☐ → ☐ → ☐ → ☐ → ☐ → ☐ → ☐ → ☐

☐ 숲속 ☐ 길을 잃다 ☐ 나타나다 ☐ 도망가다 ☐ 흔들리다 ☐ 접시

4 다음은 이경 씨의 방입니다. 이경 씨의 방은 어떻습니까?

우리 집 안방은 작지도 크지도 않습니다. 창문은 닫혀 있고 커튼은 열려 있어요. 옷장 문도 열려 있습니다. 옷장 안에는 옷들이 걸려 있습니다. 침대 위에는 베개와 이불이 놓여 있고, 침대 아래에는 옷들이 떨어져 있습니다. 바닥에는 남편 가방과 책들이 떨어져 있습니다. 옷장 옆에는 서랍장이 놓여 있습니다. 서랍장 문은 열려 있습니다. 서랍장 안에는 옷들이 들어 있습니다. 책상 위에는 책들이 쌓여 있습니다.

5 지금 교실은 어떤 모습입니까? 교실의 모습을 자세하게 설명하는 글을 써 봅시다.

보충·복습 듣기 (1~8과)

※ [1~3] 다음을 듣고 알맞은 그림을 고르십시오. Track 01

1. ① 

② 

③ 

④ 

2. ① 

② 

③ 

④ 

3. ① 결혼식에 대한 생각

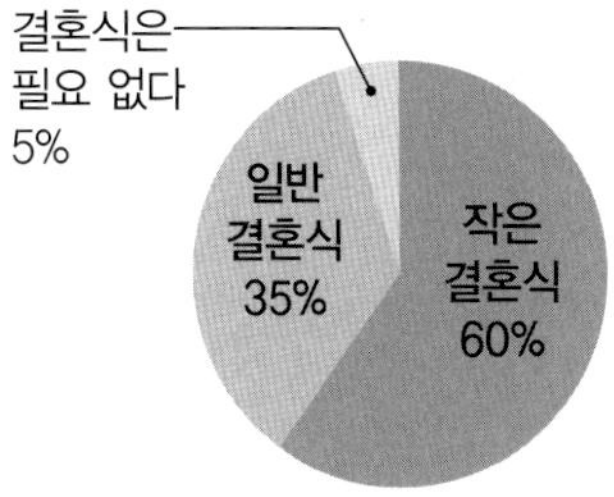

② 결혼식에 대한 생각

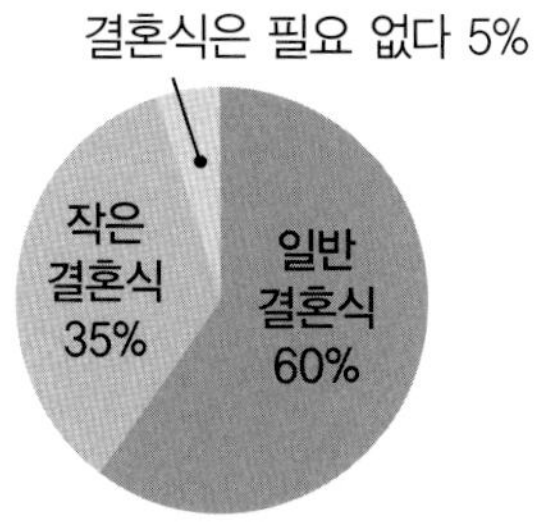

③ 결혼에 대한 생각

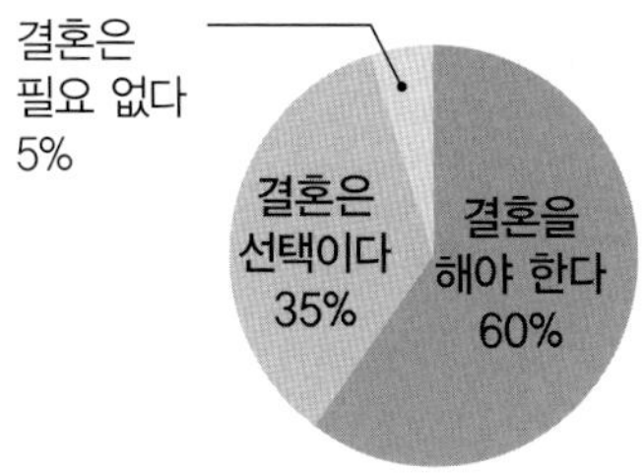

④ 결혼에 대한 생각

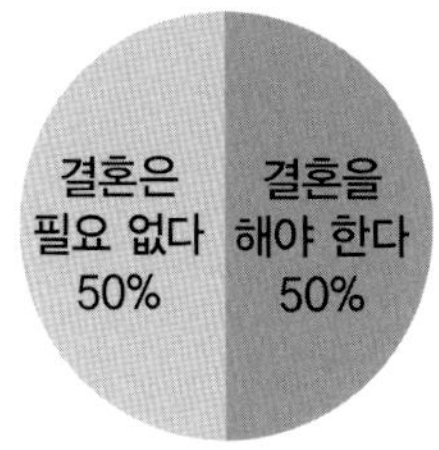

※ **[4~5] 다음 대화를 잘 듣고 이어질 수 있는 말을 고르십시오.** Track 02

4. ① 어제 아침에 병원에 가더라고요.
   ② 몸이 아플 때는 푹 쉬어야 해요.
   ③ 감기에 걸리지 않게 조심하세요.
   ④ 오늘은 꼭 병원에 가 봐야겠어요.

5. ① 이번에 일본에 갔다 왔어요.
   ② 저는 이번에 휴가를 가거든요.
   ③ 이번에 가족하고 일본에 가기로 했어요.
   ④ 휴가도 길고 해서 다음 주에 갈까 해요.

※ [6~7] 다음 대화를 잘 듣고 여자가 이어서 할 행동으로 알맞은 것을 고르십시오. Track 03

6. ① 남자와 부동산에 간다.
② 남자와 빌라를 보러 간다.
③ 새로 지은 빌라를 계약한다.
④ 집주인과 월세에 대해서 이야기한다.

7. ① 인터넷으로 집을 알아본다.
② 남자와 집을 알아보러 간다.
③ 남자와 함께 부동산에 간다.
④ 남자에게 동네 주소를 알려 준다.

※ [8~9] 다음을 듣고 내용과 일치하는 것을 고르십시오. Track 04

8. ① 여자는 한국에서 일하고 싶어 한다.
② 남자는 전자 회사에서 영어를 가르친다.
③ 여자는 베트남에서 한국어 선생님이었다.
④ 남자는 여자에게 영어를 가르치기로 했다.

9. ① 세탁기가 흔들리고 소리가 나고 있다.
② 고객은 무상 출장 서비스를 신청했다.
③ 배수관 안에 먼지가 많아서 고장이 났다.
④ 남자는 한국 전자 세탁기 수리 기사이다.

※ [10~11] 다음을 듣고 남자의 중심 생각을 고르십시오. Track 05

10. ① 산모는 임신 초기에 가장 피곤하다.
② 임신했을 때 음식을 조심해야 한다.
③ 임신 초기에만 무리하지 않으면 된다.
④ 임신 초기에 산모는 항상 조심해야 한다.

11. ① 어려움을 극복하는 것은 쉽지 않다.
② 어렸을 때 어려움을 많이 겪어야 한다.
③ 어려움을 겪지 않으면 기회는 오지 않는다.
④ 어려움을 기회로 바꾸려는 생각을 해야 한다.

※ [12~13] 다음을 듣고 물음에 답하십시오. Track 06

12. 남자의 중심 생각으로 맞는 것을 고르십시오.

① 결혼 전에는 준비로 바쁠 수 있다.
② 바쁘더라도 결혼식에는 꼭 가야 한다.
③ 결혼 전에 걱정이 되는 것이 당연하다.
④ 결혼 생활은 두 사람이 서로 노력해야 한다.

13. 들은 내용으로 맞는 것을 고르십시오.

① 남자는 여자의 결혼식에 갈 것이다.
② 여자는 지금도 결혼 준비로 바쁜 편이다.
③ 남자는 여자의 결혼 생활을 걱정하고 있다.
④ 여자는 결혼식에서 나쁜 일을 겪은 적이 있다.

※ [14~15] 다음을 듣고 물음에 답하십시오. Track 07

14. 남자는 무엇을 하고 있는지 고르십시오.

① 부모님과 생일을 축하하고 있다.
② 부모님께 새해 소망을 묻고 있다.
③ 부모님께 새해 인사를 드리고 있다.
④ 여행 계획에 대해서 이야기하고 있다.

15. 들은 내용으로 맞는 것을 고르십시오.

① 나트는 올해 아기를 낳을 것이다.
② 남자는 여자와 함께 태국에 갈 것이다.
③ 나트는 여자에게 태국에 가자고 하였다.
④ 나트는 생일에 여자와 태국에 갈 것이다.

※ [16~17] **다음을 듣고 물음에 답하십시오.** Track 08

16. 들은 내용과 일치하는 것을 고르십시오.

① 여자는 회사 기숙사에 살려고 한다.
② 여자는 집에서 회사까지 거리가 멀다.
③ 여자는 기숙사에서 불편한 것이 없다.
④ 남자는 회사 기숙사에 살아 본 적이 있다.

17. 남자의 태도로 가장 알맞은 것을 고르십시오.

① 회사 기숙사의 장점에 대해 소개하고 있다.
② 앞으로 회사 기숙사 생활에 대한 기대를 하고 있다.
③ 회사 기숙사 생활에 대해 부정적으로 말하고 있다.
④ 여자가 회사 기숙사에서 사는 것에 대해 비판하고 있다.

※ [18~19] **다음을 듣고 물음에 답하십시오.** Track 09

18. 남자는 누구인지 고르십시오.

① 작가 ② 대학교수
③ 떡집 사장 ④ 한국어 선생님

19. 들은 내용으로 맞는 것을 고르십시오.

① 한국의 전통문화가 많이 없는 편이다.
② 이웃에게 인사를 할 때 떡을 선물해야 한다.
③ 한국에서는 이사를 하면 떡을 나누어 먹었다.
④ 요즘 한국에서는 이웃끼리 사이가 좋은 편이다.

※ [20~21] **다음을 듣고 물음에 답하십시오.** Track 10

20. 무엇에 대한 내용인지 맞는 것을 고르십시오.

① 결혼 절차 ② 결혼 예절
③ 예식장 문화 ④ 결혼 준비물

21. 들은 내용으로 맞는 것을 고르십시오.

① 휴대 전화로 청첩장을 보내면 안 된다.
② 상견례 후 웨딩 촬영을 제일 먼저 한다.
③ 결혼식이 모두 끝난 후에 상견례를 한다.
④ 결혼식에 신랑, 신부를 잘 모르는 손님이 올 수도 있다.

※ [22~23] **다음을 듣고 물음에 답하십시오.** Track 11

22. 남자는 무엇을 하고 있는지 고르십시오.

① 정부의 육아 복지 정책을 비판하고 있다.
② 낮은 출산율의 해결 방법을 제시하고 있다.
③ 출산율을 높여야 하는 이유를 말하고 있다.
④ 맞벌이 부부의 단점에 대해 설명하고 있다.

23. 들은 내용으로 맞는 것을 고르십시오.

① 요즘 여자들이 일하는 것을 싫어한다.
② 맞벌이를 하는 부부는 아이를 잘 낳는다.
③ 맞벌이를 하는 부부가 많지 않은 편이다.
④ 직장에서 스트레스를 받는 여성들이 많다.

※ [24~25] **다음은 라디오 프로그램입니다. 잘 듣고 물음에 답하십시오.** Track 12

24. 여자의 중심 생각을 고르십시오.

① 남자의 말이 없는 성격이 좋다.
② 사랑은 말로 표현을 해야 알 수 있다.
③ 말이 안 통해도 사랑하고 배려하면 된다.
④ 문화가 다르면 결혼 생활이 힘들 수 있다.

25. 들은 내용과 일치하는 것을 고르십시오.

① 여자와 남편은 6개월 전에 결혼하였다.
② 두 사람은 처음 만났을 때 서로 못 알아봤다.
③ 여자는 처음 남편을 만났을 때 한국어를 잘했다.
④ 문화가 달라도 결혼 생활에 문제가 되지 않는다.

보충·복습 읽기 (1~8과)

※ (   )에 들어갈 가장 알맞은 것을 고르십시오.

1. 이 사람이 옆에 있으면 힘든 일이 (   ) 잘 해결할 수 있을 것이다.

① 있으려면　　② 있자마자　　③ 있더라도　　④ 있는 만큼

※ 다음 밑줄 친 부분과 의미가 비슷한 것을 고르십시오.

2. 내년에는 한국어를 열심히 공부해서 가족들과 한국어로 <u>이야기하고 싶다</u>.

① 이야기해 둔다　　② 이야기하면 된다
③ 이야기하게 된다　　④ 이야기했으면 좋겠다

※ 다음은 무엇에 대한 글인지 고르십시오.

3.

고장 난 곳을 한 번에 고쳐 드립니다. 전화를 주시면 바로 갑니다.

① 예약　　② 수리　　③ 배달　　④ 순서

※ [4~5] 다음 글 또는 그래프의 내용과 같은 것을 고르십시오.

4.

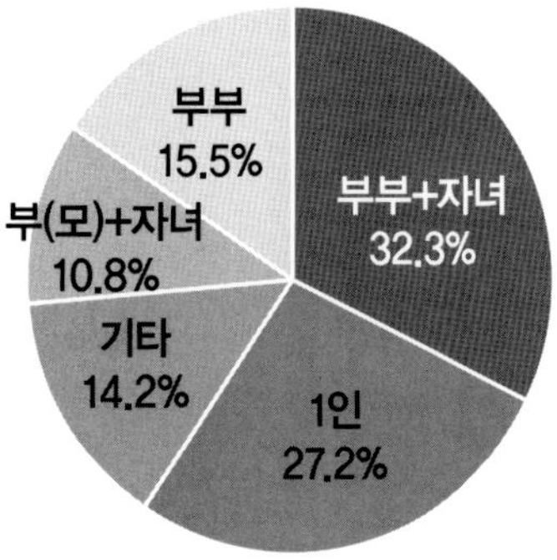

2015 가구 유형

① '부부+자녀 가구'의 유형이 전체의 반을 넘는다.
② 가구 유형 중 '부(모)+자녀'의 비율이 가장 많다.
③ 가구 유형 중 '일인 가구'의 비율이 두 번째로 높다.
④ '기타 가구'의 비율보다 '부부 가구'의 비율이 더 적다.

5.

한국의 유명한 연예인이 몇 년 전에 '작은 결혼식'을 한 후부터 작은 결혼식을 하는 사람들이 점점 많아지고 있다. 작은 결혼식은 집이나 식당 등의 장소에서 가까운 친구, 가족만 초대해서 하는 결혼식을 말한다. 한 결혼 정보 회사에서 전국의 20~40대 미혼 남녀 1,000명을 대상으로 결혼식에 대한 생각을 설문 조사한 결과, 87.4%가 작은 결혼식에 대해 긍정적으로 생각한다고 답했다.

① 작은 결혼식은 많은 사람들을 초대하는 것이다.
② 작은 결혼식은 주로 유명한 연예인이 한다.
③ 한국에서 작은 결혼식을 올리는 사람이 늘고 있다.
④ 작은 결혼식에 대해 좋게 생각하는 사람들이 적다.

※ 다음을 순서대로 맞게 배열한 것을 고르십시오.

6.

(가) 잠에서 깨니 벌써 해가 떠 있어서 새해 소원을 빌지 못했다.
(나) 차를 마시면서 해가 뜨는 것을 기다리다가 깜박 잠이 들었다.
(다) 우리 가족은 기차를 타고 일출을 보러 강릉에 가서 새벽에 강릉역에 도착했다.
(라) 강릉역에서 정동진까지 택시로 갔는데, 도착하자마자 춥고 해서 카페에서 따뜻한 차를 마셨다.

① (다)-(라)-(나)-(가)　② (다)-(나)-(라)-(가)
③ (라)-(가)-(다)-(나)　④ (라)-(다)-(가)-(나)

※ 다음을 읽고 (　　)에 들어갈 내용으로 가장 알맞은 것을 고르십시오.

7.

몽골의 전통 집인 게르는 나무와 동물의 털로 만든 천을 이용해서 만든다. 지금도 몽골의 시골에서는 게르를 자주 볼 수 있다. 게르는 돌아다니면서 (　　) 사람들이 주로 사용한다. 그 사람들은 날씨에 따라서 동물을 데리고 이사해야 하기 때문에 가지고 다닐 수도 있고 만들기도 쉬운 게르를 사용한다.

① 잘 만드는　② 천을 만드는
③ 집을 이용하는　④ 동물을 키우는

※ [8~9] **다음을 읽고 물음에 답하십시오.**

꿈은 '잠을 자면서 어떤 것을 체험하는 것'이라고 한다. 사람은 누구든지 잠을 자면서 꿈을 꾸게 된다. (　　) 우리는 대부분의 꿈을 기억하지 못하지만 잠을 자는 사람은 모두 꿈을 꾼다. 이런 꿈 가운데 조금 특별한 꿈인 '태몽'은 아기를 가진 임산부나 그 주변 사람들이 출산 전에 꾸는 꿈이다. 한국 사람들은 태몽으로 태어날 아기의 성별이나 미래의 모습을 추측해 보기도 한다. 예를 들어 꿈에 과일이나 꽃이 나오면 여자 아기가, 커다란 동물 등이 나오면 남자 아기가 태어날 것이라고 생각한다.

8. (　　)에 들어갈 알맞은 것을 고르십시오.

① 물론　　② 특히　　③ 그래서　　④ 하지만

9. 윗글의 내용과 같은 것을 고르십시오.

① 남자 아기 태몽에는 꽃과 동물이 나온다.
② 태몽은 임산부의 주변 사람들도 꿀 수 있다.
③ 대부분의 사람들은 꿈의 내용을 기억할 수 있다.
④ 태몽으로 태어날 아기의 성별을 정확하게 알 수 있다.

※ [10~11] **다음을 읽고 물음에 답하십시오.**

헨젤과 그레텔은 숲속에서 길을 잃었다. 많이 걸어서 다리가 아픈 데다가 날까지 점점 어두워져서 아무것도 보이지 않았다. 그런데 그때 멀리에서 불빛이 보였다. 거기까지 걸어가니 맛있는 과자로 만들어진 집이 있었다. 아이들이 문 앞에 서 있는데 갑자기 문이 열렸다. 헨젤과 그레텔은 집 안으로 들어갔다. 집 안으로 들어가자마자 갑자기 집에 불이 켜지고 한 할머니가 나타났다. <u>헨젤과 그레텔은 도망가려고 했지만 문이 갑자기 '쾅' 하고 닫혔다.</u> 헨젤과 그레텔은 할머니에게 "살려 주세요!"라고 했다. 하지만 할머니는 무서운 표정을 지으면서 아무 말도 하지 않았다.

10. 밑줄 친 부분에 나타난 '헨젤과 그레텔'의 심정으로 알맞은 것을 고르십시오.

① 슬프다　　② 무섭다　　③ 행복하다　　④ 걱정하다

11. 윗글의 내용과 같은 것을 고르십시오.

① 아이들은 과자로 만든 집을 찾으려고 숲속에 갔다.
② 아이들은 집 앞에서 문을 열기 위해 노력했다.
③ 불이 켜지면서 할머니가 나타났다.
④ 아이들은 숲속에서 해가 질 때까지 놀다가 집에 들어갔다.

※ 다음 신문 기사의 제목을 가장 잘 설명한 것을 고르십시오.

12.

찾기 어려운 전세, 보증금 비싸도 월세보다 전세를 좋아해

① 전세를 찾기는 하지만 보증금이 비싸서 월세로 산다.
② 사람들이 전세로 살고 싶어 하지만 찾는 것이 어렵다.
③ 사람들이 비싸더라도 월세로 이사 가는 것을 좋아한다.
④ 월세로 산다면 가장 좋지만 전세로 사는 것도 나쁘지 않다

※ 다음을 읽고 (   )에 들어갈 내용으로 가장 알맞은 것을 고르십시오.

13.

한국 사람들은 자신과 공통점을 가진 사람과 친해지는 것을 좋아한다. 고향을 떠나 다른 지역에서 살 때 고향이나 졸업한 학교가 같은 사람을 만나면 더 가깝게 생각하게 된다. 또 서로 공통점을 갖고 있기 때문에 믿을 수 있다고 생각한다. 그래서 모임을 만들어서 친하게 지내고, 기쁜 일이나 슬픈 일에 (   ) 서로 의지하며 지내는 경우가 많다.

① 친하게 지내면서
② 축하와 위로를 하면서
③ 모임에 참여하고 살면서
④ 다른 사람들을 소개해 주면서

※ 다음을 읽고 내용이 같은 것을 고르십시오.

14.

고층 아파트가 많이 생기고 요즘 사람들의 생활이 바빠지면서 이사를 직접 하는 사람이 줄어들고 포장 이사를 하는 사람이 증가하고 있다. 포장 이사는 이삿짐 회사에서 포장, 이사, 정리까지 모두 해 주는 것을 말한다. 포장 이사는 비용이 많이 들기는 하지만 이삿짐을 직접 싸지 않아도 돼서 매우 편리하기 때문에 이용자가 늘고 있다. 이삿짐 회사를 고를 때는 이사 비용을 비교해 보고 보험에 가입한 허가 업체인지 자세히 확인해야 한다.

① 포장 이사를 하더라도 짐은 직접 싸야 한다.
② 포장 이사를 이용하는 사람들이 점점 줄어들고 있다.
③ 이삿짐 회사를 선택할 때 꼼꼼하게 확인한 후 선택해야 한다.
④ 아파트에 사는 사람들은 비용을 줄이기 위해 포장 이사를 한다.

※ 다음 글의 주제로 가장 알맞은 것을 고르십시오.

15.

> 아기가 생기면 엄마 배 속에 있는 동안 부를 아기의 이름인 태명을 지어야 한다. 태명은 아기의 성별과 관계없이 '행복이, 튼튼이'처럼 부르기 쉽고 좋은 의미를 가진 이름으로 짓는다. 그리고 아기가 배 속에서 잘 자라기를 바라는 마음으로 임산부는 좋은 음악을 듣고 예쁜 것도 많이 보려고 노력한다. 그리고 아기가 태어나면 바로 필요한 물건들도 준비를 해야 한다. 이렇게 아이를 만나기 전까지 엄마는 여러 가지를 신경 써야 한다.

① 아기가 생기면 태명을 꼭 지어야 한다.
② 임산부는 아기가 태어나기 전에 많이 준비해야 한다.
③ 아기를 만나기 전에 여러 가지를 많이 먹어 봐야 한다.
④ 임신하기 전에 준비할 것이 많으므로 많이 신경 써야 한다.

※ 다음 글에서 〈보기〉의 글이 들어가기에 가장 알맞은 곳을 고르십시오.

16.

> 내가 살던 마을은 크지는 않지만 조용하고 아름다운 마을이었다. (㉠) 고향에 살 때는 동생과 자주 산책을 하거나 운동을 했다. (㉡) 마을 사람들은 나와 내 동생이 많이 닮았다고 했다. 그러나 우리 둘의 취향이 매우 다르다. 나는 여행을 좋아하는 편이지만 동생은 집에 있는 것을 좋아하는 편이다. (㉢) 하지만 우리는 노래를 부르는 것을 좋아해서 시간이 있을 때 자주 같이 노래를 불렀다. (㉣) 그래서 동생이 보고 싶을 때마다 같이 부르던 노래를 부른다.

〈보 기〉

> 나는 매운 음식을 잘 먹는 편인데 동생은 전혀 먹지 못한다.

① ㉠　　② ㉡　　③ ㉢　　④ ㉣

※ [17~18] 다음을 읽고 물음에 답하십시오.

나는 친구의 소개로 처음 남편을 만나게 되었다. 만나기로 한 날 약속 장소에 가니까 얼굴이 둥글고 머리가 아주 짧은 남자가 있었다. 우리는 만나기 전에 서로의 사진을 봤기 때문에 누구인지 금방 알 수 있었다. 서로 인사를 하고 차를 주문했다. 남편이 나에게 아무 말도 하지 않으니 나도 할 말이 없어서 계속 말없이 차만 마셨다. 나는 남편이 나에게 관심이 없는 것 같아서 차만 마시고 집으로 돌아가려고 했다. 그런데 차를 마신 후에 남편이 나에게 같이 식사하러 가자고 해서 의외였다. 식사를 할 때도 남편은 별로 말을 하지 않았지만 느낌이 참 좋았다. 그렇게 말이 없던 남편이 지금은 말이 많아져서 자신의 느낌이나 생각을 이야기하거나 나와 아이들에게 따뜻한 말을 많이 해 준다.

17. 밑줄 친 부분에 나타난 '나'의 심정으로 알맞은 것을 고르십시오.

① 심심하다 ② 후회스럽다 ③ 짜증이 나다 ④ 깜짝 놀라다

18. 윗글의 내용과 같은 것을 고르십시오.

① 남편은 얼굴이 길고 머리가 아주 짧았다.
② 남편이 말을 하지 않아서 내가 마음에 안 든다고 생각했다.
③ 나는 밥을 먹을 때도 남편이 말이 없어서 기분이 안 좋았다.
④ 남편은 여전히 말이 별로 없어서 어떤 생각을 하고 있는지 잘 모르겠다.

※ [19~20] 다음 글을 읽고 물음에 답하십시오.

최근 한국의 출산율이 점점 감소하고 있다. 여성들의 높은 교육 수준과 사회생활의 증가로 ( ). 하지만 여성들은 결혼 후에도 맞벌이를 계속하지 못하는 경우가 많다. 가장 큰 이유는 출산이다. 회사에 육아 휴직이 있더라도 사용하는 것이 쉽지 않다. 또 육아 휴직이 없는 회사에서 일하는 여성은 출산을 위해서 직장을 그만두는 일이 많다. 다른 이유는 경제적 문제이다. 임신을 하면 국가의 지원금이 있지만 매우 부족하다. 그래서 임신과 출산을 아예 하지 않거나 나중에 할 일로 미루는 사람들이 많아지면서 출산율이 낮아지고 있다.

19. 윗글의 주제로 알맞은 것을 고르십시오.

① 결혼 후 출산을 미루는 사람이 줄어야 한다.
② 다양한 이유로 출산을 하는 사람들이 감소하고 있다.
③ 국가는 임신을 한 사람을 위해 더 많이 지원해야 한다.
④ 직장에서 육아 휴직을 쓸 수 있는 분위기가 만들어지고 있다.

20. (　　)에 들어갈 내용으로 가장 알맞은 것을 고르십시오.

① 일하는 여성이 많아졌기 때문이다.
② 집안일을 하는 여성이 많아졌기 때문이다.
③ 국가에서 돈을 받는 사람들이 많아졌기 때문이다.
④ 육아 휴직을 사용하는 사람들이 많아졌기 때문이다.

※ [21~22] 다음 글을 읽고 물음에 답하십시오.

한국에서는 남녀가 결혼을 약속하고 나서 상견례를 한다. 상견례는 결혼하기 전에 두 가족이 서로 만나는 자리이다. (㉠) 상견례를 하고 나면 결혼식 날짜를 정하고 결혼 준비를 시작한다. 먼저, 예식장을 결정하고 보통 웨딩 촬영을 한다. 웨딩 촬영은 결혼식 전에 하는데 공원이나 실내 스튜디오에서 웨딩드레스와 턱시도를 입고 모델처럼 멋지게 사진을 찍는다. (㉡) 다음으로 결혼식에 올 사람들을 초대하는 청첩장을 만들어서 사람들에게 돌린다. (㉢) 그래서 신랑, 신부를 잘 모르더라도 결혼식에 참석하기도 한다. 결혼식이 끝나면 가족, 친척, 친구들, 회사 동료들과 사진을 찍는다. (㉣)

21. 윗글에서 〈보기〉의 글이 들어가기에 가장 알맞은 곳을 고르십시오.

〈보 기〉

한국에서는 결혼식에 신랑과 신부의 친구뿐만 아니라 부모님들이 아는 손님들도 초대하기 때문에 청첩장을 많이 만든다.

① ㉠　　② ㉡　　③ ㉢　　④ ㉣

22. 윗글의 내용과 같은 것을 고르십시오.

① 한국에서는 결혼한 후에 상견례를 한다.
② 웨딩 촬영은 결혼식 후에 한 번 더 한다.
③ 결혼식이 끝나고 가족, 친척과 같이 사진을 찍는다.
④ 결혼하는 사람들과 반드시 알아야 결혼식에 참석할 수 있다.

※ [23~25] **다음 글을 읽고 물음에 답하십시오.**

사람은 살아가면서 누구나 여러 가지 어려움을 겪는다. 그중에는 보통 사람보다 훨씬 큰 어려움을 겪은 사람들이 있다. 이지선 씨는 대학교 4학년 때 교통사고로 전신의 55%가 3도 화상을 입어 의사들도 치료를 포기했다. 그러나 이지선 씨는 끝까지 포기하지 않았다. 11번의 수술과 고통스러운 치료를 이겨 내고 결국 박사 학위를 받았다. 그리고 한 대학의 교수가 되어 새로운 도전을 하면서 살고 있다. 그녀는 수술과 치료를 받으면서 매우 힘들었고, 사고로 자신의 인생이 끝난 것 같다는 생각까지 했다. 하지만 포기하지 않았다. 건강해진 후에 (　　　) 바쁘게 살고 있다. 큰 어려움을 겪으면 포기하는 사람들도 많지만 이지선 씨처럼 다시 일어나서 많은 사람들에게 감동을 주는 사람도 있다. 힘들거나 어려운 일이 있더라도 포기하지 않고 살다 보면 새로운 인생이 시작될 것이다.

23. 윗글을 쓴 목적으로 알맞은 것을 고르십시오.

① 주변의 도움을 받으라고 권유하기 위해
② 끝까지 도전하는 사람들을 평가하기 위해
③ 새로운 인생의 시작에 대해 분석하기 위해
④ 어려워도 포기하지 않아야 함을 강조하기 위해

24. (　　)에 들어갈 내용으로 가장 알맞은 것을 고르십시오.

① 포기를 계속하면서
② 치료를 이겨 내면서
③ 큰 어려움을 피하면서
④ 모든 일에 노력하면서

25. 밑줄 친 부분에 나타난 필자의 태도로 알맞은 것을 고르십시오.

① 자기의 어려움과 남들의 어려움을 비교하고 있다.
② 힘든 일을 극복한 사람의 사례를 소개하고 있다.
③ 다른 사람에게 감동을 줘야 함을 추천하고 있다.
④ 어려움을 극복하는 방법에 대해 자세히 제시하고 있다.

9 요리를 하느라고 소리를 못 들었어요.

1 대화를 완성하십시오.

불편을 드리다	죄송하다	늦다	미안하다
말씀을 드리다	조심하다	부탁드리다	

보기 가: 무슨 일 있었어요? 왜 이렇게 늦었어요?
나: 늦어서 죄송합니다.

1) 가: 아까부터 시끄러운 소리가 들리네요.
나: 잠시 공사 중입니다. ____________ 죄송합니다.

2) 가: 갑자기 약속을 못 지키게 돼서 ____________ 마음입니다.
나: 아니에요. 어쩔 수 없지요.

3) 가: 제가 오늘 몸이 너무 안 좋아서 회의 참석이 어려울 것 같습니다.
죄송하지만 양해를 ____________.
나: 네, 알겠습니다.

4) 가: 청중 여러분, 잠시 양해의 ____________.
세미나를 예정보다 10분 정도 늦게 시작하려고 합니다.
자리에서 잠시만 기다려 주시면 감사하겠습니다.

5) 가: 한국에서는 어른들께 물건을 드릴 때 양손을 써요.
한 손으로 드리면 안 돼요.
나: 아, 그래요? 제가 잘 몰랐습니다.
다음부터는 ____________.

2 문장을 완성하십시오.

아랫집	대청소	키우다	하루	씨름
사탕	화상 회의	소음	평일	뛰다

1) 우리 집은 연말에 꼭 ______ 을/를 한다. 그리고 깨끗한 집에서 기분 좋게 새해를 맞는다.

2) 아이를 ______ 일은 생각보다 쉽지 않다. 하지만 아이가 쑥쑥 크는 모습을 보면서 큰 보람을 느낀다.

3) 오늘은 너무 바빠서 ______ 이/가 어떻게 지나갔는지 모르겠다.

4) ______ 은/는 한국의 전통적인 운동 경기이다. ______ 선수는 힘도 좋아야 하지만 기술도 필요하다.

5) 우리 아파트는 윗집과 ______ 이/가 서로 얼굴도 알고 친하게 지낸다.

6) 나는 ______ 보다 주말이 좋다. 주말에는 푹 쉴 수 있기 때문이다.

7) 우리 회사는 외국에 있는 직원들과 자주 ______ 을/를 한다.
이것 덕분에 직접 만나지 않아도 얼굴을 보면서 회의를 할 수 있어서 편리하다.

8) 노래를 잘하는 사람의 노랫소리는 정말 듣기 좋다. 그런데 시험공부를 해야 할 때 들리는 노랫소리는 ______ 이/가 되기도 한다.

9) 나는 시간이 나면 한강에서 ______ 것을 좋아한다. 그렇게 하고 나면 땀도 나고 기분도 좋아지기 때문이다.

10) 우는 아이에게 ______ 을/를 주니까 울음을 뚝 그쳤다.

문법❶ -느라고

연습 1 대화를 완성하십시오.

하다	공부하다	준비하다	일하다

보기 가: 아까 왜 전화를 안 받았어요?
나: 중요한 회의를 하느라고 전화를 못 받어요.

1) 가: 요즘 바빠요?
나: 네, 결혼을 ____________________ 좀 바빠요.

2) 가: 주말에 아이하고 시간을 많이 보내요?
나: 아니요, 제가 주말에도 ____________________ 아이하고 같이 시간을 잘 보내지 못해요.

3) 가: 어제 모임에 왜 안 나왔어요?
나: 정말 미안해요. 다음 주가 시험이라서 ____________________ 시간이 없었어요.

연습 2 문장을 완성하십시오.

보기 드라마를 보다 / 전화벨 소리를 못 듣다
➡ 드라마를 보느라고 전화벨 소리를 못 들었어요.

1) 샤워를 하다 / 전화벨 소리를 못 듣다
➡ ____.

2) 늦잠을 자다 / 알람 소리를 못 듣다
➡ ____.

3) 밤늦게까지 회식을 하다 / 아침에 회사에 지각하다
➡ ____.

연습 1 **문장을 완성하십시오.**

> **보기** 아이들은 (모두) 초콜릿을 좋아해요.
> ➡ 아이치고 초콜릿을 안 좋아하는 아이는 없어요.

1) 한국인은 (모두) 김치를 먹어요.

➡ ______________________ 김치를 ______________________.

2) 부모는 (모두) 자식을 사랑해요.

➡ ______________________ 자식을 ______________________.

3) 요리를 좋아하는 사람은 (모두) 먹는 것을 좋아해요.

➡ ______________________ 먹는 것을 ______________________.

4) 아이들은 (모두) 가만히 못 있다.

➡ ______________________ 가만히 ______________________.

연습 2 **대화를 완성하십시오.**

> **보기** 가: 어떤 일을 하는 사람이 행복할까요?
> 나: 좋아하는 일을 하는 사람이라고 생각해요. 좋아하는 일을 하는 사람치고 행복하지 않은 사람은 없어요.
> (좋아하는 일을 하다 / 사람)

1) 가: 한국어가 너무 어려워요.

나: 걱정하지 마세요. ______________________ 한국어가 쉽다고 하는 사람은 별로 없어요.
(한국어를 공부하다 / 외국인)

2) 가: 동물을 좋아하는 사람들은 다 착한 것 같아요.

나: 맞아요. ______________________ 나쁜 사람은 없다고 생각해요.
(동물을 좋아하다 / 사람)

3) 가: 성실한 사람은 규칙적인 생활 습관을 가지고 있는 것 같아요.

나: 맞아요. ______________________ 규칙적인 생활 습관을 가지지 않은 사람은 없는 것 같아요.
(성실하다 / 사람)

문법❸ -(으)ㄴ/는 대신에

연습 1 **문장을 완성하십시오.**

사다	영화를 보다	약을 먹다	전화를 하다

보기 다음 달에 결혼을 해요. 드레스를 사는 대신에 빌릴 거예요.

1) 감기에 걸렸어요. 그런데 심하지 않아서 ______________________ 푹 쉴 거예요.

2) 고향에 있는 가족에게 ______________________ 이메일을 보낼 거예요.

3) 저는 시간이 없어서 극장에 못 가요. 극장에서 ______________________ 집에서 인터넷으로 볼 거예요.

연습 2 **대화를 완성하십시오.**

보기 서비스가 좋다 / 물건 가격이 비싸다
➡ 백화점은 서비스가 좋은 대신에 물건 가격이 시장보다 비싼 편이에요.

1) 평일에 열심히 일하다 / 주말에 푹 쉬다
➡ 평일에 ______________________ 주말에는 푹 쉴 수 있어서 좋아요.

2) 택시 요금이 버스 요금보다 비싸다 / 택시가 더 편리하다
➡ 택시는 버스보다 요금이 ______________________ 더 편리해요.

3) 이 식당은 손님이 많아서 기다려야 하다 / 음식이 아주 맛있다.
➡ 이 식당은 손님이 많아서 ______________________ 음식이 아주 맛있어요.

4) 요리를 하다 / 외식을 하다
➡ 오늘은 바빠서 ______________________ 외식을 할 거예요.

1 **여러분은 '바쁘다'라는 말을 자주 하거나 듣습니까? 언제 말하거나 듣습니까? 여러분의 나라에서는 어떻습니까?**

2 **다음을 읽고 질문에 답하십시오.**

일상생활에서 우리는 '바쁘다'라는 말을 자주 쓰고 자주 듣는다. 인사를 할 때 상대에게 "안녕하세요?" 대신에 "요즘 바빠요?", "요즘 많이 바쁘시지요?"라고 한다. 상대에게 갑자기 연락을 해야 할 일이 생겼을 때도 "바쁘신데 죄송합니다."라고 말한다.

또한 상대방과 약속을 잡고 싶을 때도 "○○ 씨, 주말에 바빠요?"와 같이 '바쁘다'라는 말을 쓴다. 또 자신이 바쁜 이유를 설명할 때도 "시험 공부하느라고 시간이 없어요.", "일하느라고 바빠요."와 같이 말하기도 한다. 특히 상대의 부탁을 거절할 때는 '–느라고'를 써서 왜 바쁜지 상대에게 사정을 설명한다.

바쁜 것은 할 일이 있는 것이기 때문에 좋은 일이다. 하지만 우리는 '바쁘다'라는 말을 지나치게 습관처럼 사용하는 것 같다. 그런데 사람들이 사용하는 '바쁘다'의 의미는 모두 같은 것일까? 그리고 우리는 '바쁘다'라는 말을 얼마나 자주, 어떤 뜻으로 사용하고 있을까? 이것에 대해 다시 한번 생각해 보는 게 좋지 않을까?

1) 사람들이 '바쁘다'는 말을 사용하는 상황이 아닌 것은?

① 인사를 할 때　② 갑자기 연락할 때
③ 약속을 취소해야 할 때　④ 부탁을 거절할 때

2) 위의 밑줄 친 곳과 바꿔 쓸 수 있는 표현을 고르십시오.

① 결과를 말한다
② 이유를 묻는다
③ 설명을 부탁한다
④ 상황을 알려 준다

3) 맞으면 ○, 틀리면 × 하십시오.

① 우리는 인사할 때 '바쁘다'라는 말을 사용하지 않는다. (　　)
② 글을 쓴 사람은 '바쁘다'의 의미가 다양하다고 생각한다. (　　)

☐ 상대방　☐ 약속을 잡다　☐ 거절하다　☐ 사정　☐ 지나치다

3 여러분은 지금까지 살면서 다른 사람에게 실수나 잘못을 한 적이 있습니까? 누구에게 어떤 상황이었는지, 그런 일이 생긴 사정은 무엇이었는지 메모해 보십시오.

1) 언제	
2) 누구에게	
3) 어떤 상황에서	
4) 무슨 사정으로 (-느라고)	
5) 사과하고 싶은 말	

4 위의 메모를 바탕으로 글을 써 봅시다.

10 한 달에 한 번씩 적금을 넣고 있어요.

1 문장을 완성하십시오.

벌다	아끼다	모으다	떨어지다	모자라다	남다	쓰다

1) 10일 전에 동생에게 용돈을 줬지만 벌써 다 썼어요. 그래서 제가 동생에게 돈 좀 ________ 했어요.

2) 저는 아직 학생이라서 돈을 많이 ________ 못해요.

3) 월급날이 되기도 전에 돈이 다 ________ 곤란해요.

4) 물건을 사고 32,000원을 내야 하는데 지갑에 30,000원밖에 없었어요. 2,000원이 ________.

5) 내년에 가족과 해외여행을 가고 싶어요. 지금부터 조금씩 돈을 ________ 해요.

6) 백화점이 세일을 해서 싸게 옷을 샀어요. 돈이 많이 ________.

2 다음 그림을 보고 '-값'이 들어가는 단어를 쓰십시오.

1) 

저는 외식을 많이 해요. 그래서 ___밥값___이 많이 들어요.

2) 

이 동네는 좋은 학교가 많아서 ________이/가 너무 비싸요.

3) 

요즘 ________이/가 너무 많이 올라서 운전하기가 부담스러워요.

3 문장을 완성하십시오.

현금	전세금	예금	적금	요금

1) 2년 사이에 ______ 이/가 많이 올랐어요. 다시 이사 가야 할 것 같아요.

2) 모두 23,000원입니다. 카드로 하시겠습니까, ______ (으)로 하시겠습니까?

3) 저는 돈이 생기면 일단 은행에 가서 ______ 을/를 해요.

4) 자전거 이용 ______ 은/는 3,000원입니다.

5) 더 넓은 집으로 이사 가고 싶으면 지금부터 한 달에 얼마씩 ______ 을/를 넣으세요. 그럼 큰돈을 모을 수 있어요.

4 문장을 완성하십시오.

난방비	병원비	중개 수수료	수리비
학원비	학비	여행 경비	통신비

1) 내년에 아이가 대학에 가요. 대학에 가면 ______ 이/가 많이 들 것 같아요.

2) 요즘 휴대 전화가 없는 사람이 없죠? 그래서 그런지 집집마다 ______ 이/가 많이 드는 것 같아요.

3) 얼마 후에 집을 계약하는데 부동산에 주는 ______ 도 적은 돈이 아니라서 걱정이에요.

4) 우리 아들은 학생인데 내년에 해외여행을 가려고 지금 열심히 일을 하고 있어요. ______ 을/를 모으기 위해서예요.

5) 겨울이 되고 날씨가 추워지면 집집마다 ______ 때문에 걱정이에요.

6) 얼마 전에 우리 집 텔레비전이 고장 났어요. 그래서 ______ 이/가 많이 들었어요.

7) 요즘 중학생, 고등학생은 학원을 몇 개나 다녀요. ______ 이/가 많이 들겠어요.

8) 지난번에 아는 분이 자전거를 타다가 교통사고가 났어요. ______ 이/가 많이 나왔대요.

문법❶ 씩

연습 1 대화를 완성하십시오.

보기 가끔 하나 한 잔 반

1) 가: 홈 쇼핑에서 고기를 샀는데 너무 많아요. 어떡하죠?
   나: 그러면 저랑 고기를 ________________ 나눌래요?

2) 가: 사과는 언제 먹으면 좋아요?
   나: 사과는 아침에 ________________ 먹으면 좋아요.

3) 가: 언제 고향이 생각나요?
   나: 바쁠 때는 모르는데 한가하면 ________________ 고향 생각이 나요.

4) 가: 밤에 잠이 잘 안 와요.
   나: 매일 밤 자기 전에 따뜻한 우유를 ________________ 마셔 보세요.

연습 2 그림을 보고 대화를 완성하십시오.

보기
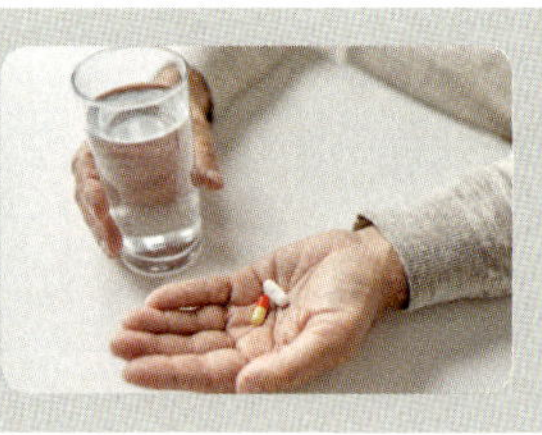
가: 이 약은 한 번에 몇 개 먹으면 돼요?
나: 한 번에 두 개씩 드시면 돼요.

1)

가: 사탕이 한 봉지에 몇 개 들어 있어요?
나: ________________ 들어 있어요.

2)

가: 이 라면 맛있어요?
나: 네, 그런데 많이 매우니까 ____________ 드세요.

3)

가: 한국어 수업은 일주일에 몇 번 있어요?
나: 일주일에 ____________ 있어요.

연습 1 그림을 보고 문장을 완성하십시오.

1) 

저는 매주 ___수요일마다___ 운동을 합니다.

2) 

이 버스는 1시부터 9시까지 다닙니다.
______________ 버스가 옵니다.

3) 

석훈 씨는 ______________ 약을 먹어야 합니다.

4) 

______________ 옷이 다릅니다.

연습 2 다음을 연결하고 문장을 완성하십시오.

보기	영화를 좋아하다	아침	영화를 보다
1)	건강해지다	주말	출발하다
2)	명동은 주말이 되다	가게	운동을 하다
3)	부산에 가는 기차	30분	사람이 많다

보기 영화를 좋아해서 ___주말마다 영화를 봐요___.

1) 건강해지려고 ______________.

2) 명동은 주말이 되면 ______________.

3) 부산에 가는 기차는 ______________.

문법❸ -(으)ㄹ까 봐

연습 1 대화를 완성하십시오.

보기 가: 왜 택시를 탔어요?
나: 약속 시간에 늦을까 봐 택시를 탔어요. (늦다)

1) 가: 부모님 선물로 홍삼을 살 거예요?
나: 아니요, 홍삼을 안 ________________ 다른 선물도 생각하고 있어요. (좋아하다)

2) 가: 내일 발표 준비 다 했어요?
나: 네, 그런데 너무 떨려서 ________________ 걱정이에요. (실수하다)

3) 가: 왜 옷 가게에 다시 가요?
나: 아이 옷이 좀 ________________ 큰 사이즈로 바꾸려고요. (작다)

4) 가: 시험공부 많이 했어요?
나: 네, 조금 하기는 했는데 시험이 ________________ 걱정이에요. (어렵다)

연습 2 여행을 가려고 합니다. 걱정되는 것에 대해서 대화를 완성하십시오.

1) 가: 비가 올까 봐 걱정이에요.
나: 비가 올까 봐 우산을 준비했어요.

2) 가: ________________.
나: ________________.

3) 가: ________________.
나: ________________.

4) 가: ________________.
나: ________________.

5) 가: ________________.
나: ________________.

6) 가: ________________.
나: ________________.

1 여러분은 요즘 경제적으로 어떤 고민이 있습니까? 어떤 부분에 가장 돈이 많이 듭니까? 그것을 해결하기 위해 어떻게 하고 있습니까?

2 한 주부의 고민입니다. 다음을 읽고 질문에 답하십시오.

허리띠를 졸라매고 있어요!

저는 매일 돈을 쓸 때마다 가계부를 쓰고 있어요. 그런데 요즘은 가계부를 쓸 때마다 걱정이 많아요. 들어오는 돈보다 나가는 돈이 더 많기 때문이에요. 자고 일어나면 물가는 오르는데 월급은 ㉠제자리예요. 아이가 점점 크니까 장 볼 때마다 식비도 많이 들고 최근에는 가족 한 사람이 한 대씩 휴대 전화를 가지고 있기 때문에 통신비도 많이 나가요.

이럴 때 저도 일을 하면 좋겠지만 그러려면 아이를 어린이집에 맡겨야 하기 때문에 또 비용이 들게 돼요. 그래서 지금은 할 수 있으면 필요한 곳에만 돈을 쓰려고 허리띠를 졸라매고 있어요. 외식도 줄이고 가까운 곳은 걷거나 자전거를 이용하려고 해요. 그런데 자전거를 타 보니까 돈도 아끼고 살도 빠지는 ㉡일석이조의 장점이 있더라고요. 여러분에게도 이 방법을 추천합니다. 여러분도 꼭 한번 해 보세요.

1) 이 사람은 어디에 돈이 많이 듭니까?

____

2) 이 사람은 돈을 아끼기 위해서 어떻게 하고 있습니까?

____

3) '**㉠제자리**'와 바꿔 쓸 수 있는 것은 무엇입니까?

① 오르다　　② 깎이다　　③ 똑같다

4) '**㉡일석이조**'와 바꿔 쓸 수 있는 표현은 무엇입니까?

① 백지장도 맞들면 낫다
② 두 마리의 토끼를 잡다
③ 둘이 먹다가 하나가 죽어도 모르다

☐ 허리띠　☐ 졸라매다　☐ 식비　☐ 통신비　☐ 일석이조　☐ 장점　☐ 추천하다

3 이 사람의 고민을 해결할 수 있는 방법 세 가지를 써 보십시오.

제목 난방비를 아낄 수 있는 방법을 좀 알려 주세요.

작성자: lovepk 2018/12/01 조회수: 62

안녕하세요? 저는 한국에 살고 있는 외국인입니다. 저는 한국보다 날씨가 더운 나라인 필리핀에서 왔어요. 그래서 한국의 겨울이 너무 힘듭니다. 처음 한국에 왔을 때는 너무 추워서 집 밖에 한 발짝도 못 나갔어요. 그리고 한국의 겨울이 힘든 또 다른 이유는 난방비가 너무 많이 나오는 것이에요. 처음에는 난방비를 생각하지 못하고 하루 종일 보일러를 틀었어요. 그리고 다음 달에 난방비를 보고 깜짝 놀랐어요. 얼마 후면 다시 겨울이 됩니다. 저는 또 난방비가 많이 나올까 봐 걱정이에요. 여러분, 따뜻하게 겨울을 보내면서 난방비도 아낄 수 있는 방법 좀 알려 주세요.

댓글 공유 목록

1) 해결 방법과 이유

	해결 방법	그 방법이 좋은 이유
1		
2		
3		

4 이 사람의 고민에 대해 조언해 주는 글을 써 봅시다.

11 대형 마트에 갔더니 동네 마트보다 비싼 물건도 많더라고요.

1 알맞은 단어를 골라 넣으십시오.

외식비	용돈	교통비	공과금	교육비	경조사비

1) ________

2) ________

3) ________

4) ________

5) ________

6) ________

2 알맞은 단어를 골라 넣으십시오.

중고품	할인	장바구니	재활용

우유 팩 ________

________ 쿠폰

________ 가게

________ 사용

3 문장을 완성하십시오.

가계부	용돈	회비	전기 요금	고지서

1) 돈을 쓴 다음에 ______ 을/를 꼭 쓰세요. 이렇게 하면 돈을 아껴서 쓸 수 있어요.

2) 이번 달에 ______ 이/가 많이 나왔어요. 지난달에 날씨가 더워서 에어컨을 많이 사용했거든요.

3) 다음 주 금요일 저녁에 우리 반 회식이 있어요. ______ 은/는 2만 원이에요.

4) 아이에게 매주 오천 원씩 ______ 을/를 주니까 돈을 한꺼번에 많이 쓰지 않더라고요.

5) 이번 달 아파트 관리비 ______ 이/가 나왔는데 30일까지 내야 돼요.

4 대화를 완성하십시오.

겹치다	마련하다	절약하다	줄이다

1) 가: 목돈을 ____________ 적금을 들었어요.
   나: 저도 이번 달 월급을 받으면 적금을 들려고 해요.

2) 가: 어떻게 하면 생활비를 ____________?
   나: 가계부를 써 보세요. 그리고 계획에 없는 물건은 사지 마세요.

3) 가: 요리를 못해서 밖에서 많이 사 먹는데 외식비를 ____________.
   나: 그럼, 제가 요리를 가르쳐 줄게요. 집에서 해 보세요.

4) 가: 결혼하니까 결혼식, 돌잔치, 장례식 등 돈 쓸 일이 많아요.
   나: 맞아요. 특히 경조사가 ____________ 그달은 생활하기 힘들어요.

문법❶ -았/었더니

연습 1 다음 표를 완성하십시오.

-았더니		-었더니		했더니	
나가다	나갔더니	신다	신었더니	공부하다	공부했더니
오다		외우다		운동하다	
*모으다		*듣다		절약하다	

연습 2 대화를 완성하십시오.

공부하다	자다	과식하다

1) 가: 어디 아파요?
   나: 네, 점심 때 ________________ 배가 아프네요.

2) 가: 어떻게 시험을 잘 봤어요?
   나: 매일 조금씩 ________________ 결과가 좋네요.

3) 가: 감기에 걸렸어요?
   나: 네, 너무 더워서 에어컨을 켜고 ________________ 감기에 걸렸어요.

연습 3 대화를 완성하십시오.

농구를 시키다	매일 노래를 듣고 따라 하다
요리 학원을 다니다	드라마를 보면서 따라 하다

1) 가: 노래를 정말 잘하네요.
   나: ________________________________ 잘하게 됐어요.

2) 가: 요리를 정말 잘하시네요.
   나: ________________________________ 요리 실력이 늘었어요.

3) 가: 한국어 발음이 좋네요.
   나: ________________________________ 발음이 좋아졌어요.

4) 가: 아이가 키가 크네요.
   나: ________________________________ 키가 많이 컸어요.

-는 게 좋다

연습 1 다음 표를 완성하십시오.

-는 게 좋다			
만나다	만나는 게 좋다	찾다	찾는 게 좋다
쓰다		걷다	
절약하다		*만들다	

연습 2 대화를 완성하십시오.

자다 　　 마시다 　　 맞다

1) 가: 밤에 잠이 안 와요.
   나: 그럴 땐 따뜻한 우유를 한 잔 마시고 ______________.

2) 가: 감기에 안 걸리려면 독감 예방 주사를 ______________.
   나: 오늘 당장 맞아야겠어요.

3) 가: 목이 너무 아파요.
   나: 그럴 땐 배에 꿀을 넣어 끓인 배즙을 ______________.

연습 3 대화를 완성하십시오.

파인애플이나 키위를 먹다 　　 보일러를 일정 온도로 켜 두다
통에 식초를 넣고 하루 정도 두다

1) 가: 고기를 많이 먹어서 체했어요.
   나: 그럴 땐 ______________________는 게 좋아요.

2) 가: 플라스틱 음식 통에서 냄새가 나요.
   나: 그럴 땐 ______________________는 게 좋아요.

3) 가: 난방비가 많이 나와요.
   나: 그럴 땐 ______________________는 게 좋아요.

문법❸ -는 바람에

연습 1 무슨 일이 생겼는지 그림을 보고 문장을 완성하십시오.

1) 

버스를 놓치는 바람에 약속 시간에 늦었어요.

2) 

__________ 길이 막혔어요.

3) 

__________ 숙제를 못 했어요.

연습 2 대화를 완성하십시오.

팔다	졸다	오다	많아지다	오르다

1) 가: 갑자기 채솟값이 오르는 바람에 올해는 김치를 못 담그겠어요.
   나: 저도요. 김칫값도 비싸서 마트에서 사 먹지도 못하겠더라고요.

2) 가: 오늘 왜 지각했어요?
   나: 죄송합니다. 버스가 늦게 __________ 빨리 올 수가 없었습니다.

3) 가: 피곤해 보여요. 요즘 힘든 일이 있어요?
   나: 갑자기 일이 __________ 며칠 밤을 새워서 그래요.

4) 가: 한 달 용돈을 벌써 다 썼어요?
   나: 백화점에 갔는데 전부터 가지고 싶던 물건을 싸게 __________ 안 살 수가 없었어요.

5) 가: 저기 무슨 일 있어요? 사람이 많이 있네요.
   나: 운전기사가 운전하다가 __________ 사고가 났대요.

1 생활비 절약 방법에 대한 글입니다. 다음을 읽고 질문에 답하십시오.

오늘은 여러분에게 저만의 생활비 절약 방법을 소개하겠습니다. 저도 결혼해서 처음에는 가계부를 안 썼지만 얼마 전부터는 생활비가 부족해서 가계부를 쓰게 됐습니다. 가계부를 썼더니 가장 좋은 점은 우리 가족이 어디에 돈을 많이 쓰는지 알게 됐다는 것입니다.

먼저 우리 집은 외식비로 돈을 너무 많이 쓰고 있어서 외식을 안 하기로 하고 집에서 요리를 해서 먹었습니다. 이렇게 했더니 외식비가 크게 줄었습니다. 다음은 아이에게 책을 많이 사 줘서 책 구입비가 많이 들었는데 앞으로 책은 동네 도서관에서 빌려 보기로 했습니다. 그래도 꼭 필요한 책은 인터넷 중고 서점에서 싸게 사기로 했습니다. 이렇게 하니까 적은 돈으로 여러 권의 책을 사 볼 수 있어서 좋았습니다. 그리고 앞으로는 주민 센터를 더 자주 이용하기로 했습니다. 주민 센터에 가면 아이 장난감을 싼 가격에 빌릴 수 있습니다. 그뿐만 아니라 저는 주민 센터에서 헬스를 하기로 했습니다. 주민 센터 헬스장은 등록비가 아주 쌉니다. 마지막으로 안 쓰는 물건은 중고 시장에 팔고 필요한 물건은 중고 시장에서 샀습니다. 중고 시장에서는 잘 고르면 새것 같은 물건도 찾을 수 있었습니다.

이렇게 저는 생활비를 줄이고 있습니다. 여러분의 방법도 알려 주시겠습니까?

1) 주민 센터에서 할 수 있는 것으로 맞는 것을 고르십시오.

① 공부, 요리
② 요리, 중고 책 사기
③ 운동, 장난감 빌리기
④ 장난감 빌리기, 중고 책 사기

2) 위의 내용과 같은 것을 고르십시오.

① 이 사람은 결혼 전부터 가계부를 썼다.
② 중고 시장에는 오래된 물건만 있다.
③ 이 사람은 외식보다 집에서 요리해서 먹으면 더 맛있다고 생각한다.
④ 이 사람은 책이 필요하면 인터넷 중고 서점에서 사는 편이다.

☐ 외식비 ☐ 구입비 ☐ 주민 센터 ☐ 헬스 ☐ 장난감 ☐ 등록비 ☐ 중고 ☐ 줄이다

2 다음과 같이 여러분의 생활비 절약 방법에 대해서 메모를 하십시오.

생활비 절약 방법	1) 가계부 쓰기 2) 집에서 요리해서 먹기 3) 도서관과 인터넷 중고 서점 이용 4) 주민 센터 이용 5) 중고 시장 이용	결과	- 어디에 돈을 많이 쓰는지 알게 되다. - 외식비를 줄이게 되다. - 적은 돈으로 여러 권의 책을 볼 수 있다. - 싼 가격에 여러 가지 장난감을 빌릴 수 있다. - 헬스장을 싼 금액에 이용할 수 있다. - 중고 시장에서 안 쓰는 물건을 팔고 필요한 물건을 싸게 살 수 있다.
결론	생활비를 줄일 수 있다.		

나의 생활비 절약 방법

생활비 절약 방법		결과	
결론			

12 절전 기능은 있나요?

1 생활에서 많이 쓰는 가전제품의 이름을 써 넣으십시오.

김치냉장고	냉장고	공기 청정기	선풍기	세탁기
에어컨	전기난로(난방기)	전기밥솥	전자레인지	

1)

2)

3)

4)

5)

6)

7)

8)

9)

2 다음 그림과 관련된 동사를 알맞게 연결하십시오.

켜다	끄다	꽂다	뽑다	충전하다	누르다

3 문장을 완성하십시오.

버튼	사용 설명서	전원	충전기	콘센트	플러그

1) 영화관에서는 휴대 전화 ________ 을/를 꺼 주세요.

2) 휴대 전화 ________ 이/가 없어서 충전을 못 하고 있어요.

3) 가전제품을 사면 처음에 ________ 을/를 읽어 보세요.

4) 손에 물이 있을 때 ________ 에 플러그를 꽂으면 안 돼요.

5) 전기밥솥은 취사 ________ 만 누르면 밥이 되니까 편리해요.

6) 외출할 때 콘센트에서 ________ 을/를 뽑으면 에너지를 아낄 수 있어요.

문법❶ -(으)ㄹ 만하다

연습 1 다음 표를 완성하십시오.

-ㄹ 만하다		-을 만하다	
가다	갈 만하다	먹다	먹을 만하다
보다		읽다	
사다		*듣다	
*만들다		*돕다	

연습 2 대화를 완성하십시오.

> **보기** 가: 요즘 재미있는 영화가 있나요?
> 나: '택시 아저씨'가 볼 만해요. (보다)

1) 가: 한국 생활이 어때요?

   나: 친구도 많고 익숙해져서 ______________________. (살다)

2) 가: 아이하고 여행을 갈까 하는데 어디가 좋을까요?

   나: 경주가 좋을 것 같아요. 역사에 대해서 배울 수 있으니까 ______________________. (가 보다)

3) 가: 남산서울타워 구경 잘 했어요?

   나: 네, 야경이 정말 아름다워서 ______________________. 한번 가 보세요. (구경하다)

4) 가: 이번 일은 누가 하면 좋을까요?

   나: 아미르 씨가 하면 어떨까요? 정말 ______________________ 사람이거든요. (믿다)

   지난번 일도 저랑 같이 했는데 정말 ______________________. (추천하다)

연습 1 다음 표를 완성하십시오.

-ㄴ가요?		-은가요?		-나요?	
싸다	싼가요?	많다	많은가요?	가다	가나요?
비싸다		작다		있다	
크다		짧다		듣다	
*멀다		*덥다		*만들다	

연습 2 대화를 완성하십시오.

보기 가: 여보세요? 거기가 한국 무역이 맞나요?
나: 네, 맞습니다.

1) 가: 실례지만 미국 사람 ______________________?
나: 아니요, 캐나다 사람이에요.

2) 가: 저, 말씀 좀 물어볼게요. 이쪽으로 쭉 가면 지하철역이 ______________________?
나: 네, 한 50미터 가시면 돼요.

3) 가: 여기에서 버스 정류장까지 얼마나 ______________________?
나: 그렇게 멀지 않아요. 금방이에요.

연습 3 대화를 완성하십시오.

보기 가: 저, 한국어 수업을 신청하려고 하는데요. 여기에서 하면 되나요?
나: 네, 여기에서 신청하시면 됩니다.

1) 가: 실례지만 화장실이 ______________________?
나: 오른쪽으로 가세요.

2) 가: 현금이 없는데 ______________________?
나: 네, 카드 돼요.

3) 가: 여기에서 남대문 시장까지 버스로 얼마나 ______________________?
나: 30분쯤 걸려요.

문법❸ -(으)ㄹ 뿐만 아니라

연습 1 다음 표를 완성하십시오.

-ㄹ 뿐만 아니라		-을 뿐만 아니라	
가다	갈 뿐만 아니라	먹다	먹을 뿐만 아니라
보다		읽다	
구경하다		*듣다	
*만들다		*돕다	

연습 2 문장을 완성하십시오.

보기 그 식당은 음식이 맛있다 / 가격도 싸다
➡ 그 식당은 음식이 맛있을 뿐만 아니라 가격도 싸요.

1) 한국의 지하철은 깨끗하다 / 편리하다

➡ ______________________________.

2) 이 전기밥솥은 절전 기능이 있다 / 디자인도 멋지다

➡ ______________________________.

3) 그 커피숍은 무료로 와이파이를 사용할 수 있다 / 조용하다

➡ ______________________________.

4) 그 마트는 주말 / 평일에도 복잡하다

➡ ______________________________.

5) 고향에 가면 부모님 / 친구들도 만나고 싶다

➡ ______________________________.

1 **중고 가전제품을 파는 사이트에 올라온 글입니다. 다음을 읽고 질문에 답하십시오.**

중고천국 | 검색

제목 중고 ○○○ 10kg짜리, 10만 원에 판매합니다.

작성자 ejfkop38 조회수 73회

○○○을/를 10만 원에 판매합니다.
2년 전에 30만 원에 구입했습니다.
조심히 사용해서 아직 쓸 만합니다.
깨끗하게 빨래가 될 뿐만 아니라 소리도 조용합니다.
제가 갑자기 먼 도시로 이사를 가게 되어서 팝니다.
직거래를 원합니다.
문자로 먼저 연락 주세요.
010-1234-5678

1) ○○○은/는 어떤 가전제품입니까?

① 냉장고 ② 세탁기
③ 에어컨 ④ 선풍기

2) 위의 내용과 같은 것을 고르십시오.

① 이 사람은 이 가전제품은 2년 전에 10만 원에 샀다.
② 이 중고 가전제품의 판매 가격은 30만 원이다.
③ 이 가전제품을 사고 싶으면 먼저 전화를 해야 한다.
④ 이 가전제품은 소음이 적을 뿐만 아니라 빨래도 깨끗하게 된다.

☐ 판매(를) 하다 ☐ 구입하다 ☐ 조심히 ☐ 직거래

2 여러분은 사용하지 않는 물건이 있으면 어떻게 합니까? 더 이상 쓰지 않는 물건을 팔고 싶을 때 필요한 질문들입니다. 하나씩 답해 보세요.

1) 팔고 싶은 물건은 무엇입니까?	
2) 언제 산 물건입니까?	
3) 얼마에 산 물건입니까?	
4) 받고 싶은 가격은 얼마입니까?	
5) 왜 팝니까?	
6) 물건의 상태는 어떻습니까?	
7) 연락받을 수 있는 시간은 언제입니까?	

3 중고 시장을 엽니다. 여러분이 팔고 싶은 물건에 대한 글을 써 봅시다.

13 우유를 먹여서 재우세요.

1 여러분은 아기를 키워 본 적이 있습니까? 아기에게는 무엇을 해 줘야 합니까?

앉히다	태우다	먹이다	깨우다
눕히다	재우다	닦이다	씻기다

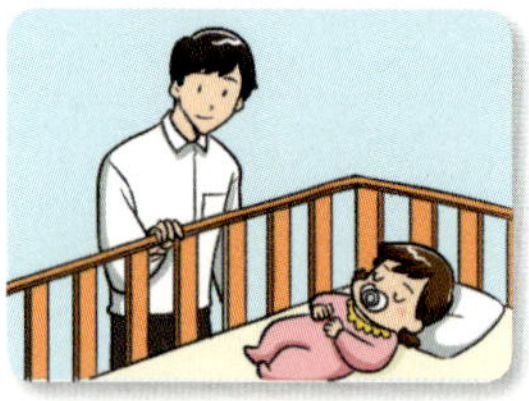
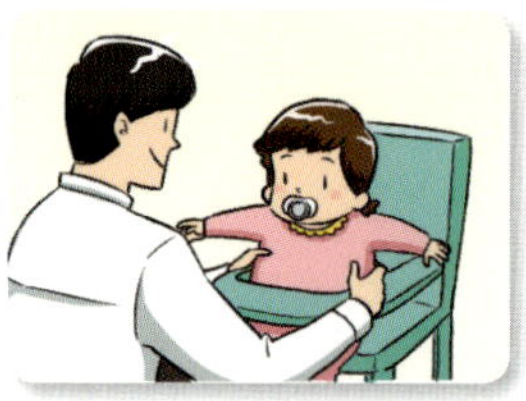

2 엄마와 아빠가 무엇을 하고 있습니까? 이야기해 보십시오.

채우다	입히다	신기다	씌우다

3 여러분은 이유식을 만들어 본 적이 있습니까? 이유식을 만드는 방법을 보고 빈칸에 쓰십시오.

끓이다	데우다	녹이다	먹이다	식히다	얼리다

저는 보통 아기가 잘 때 이유식을 만들어 놓아요. 먼저 냉동실에 준비해 놓은 소고기를 1) ________. 그리고 쌀을 믹서에 갈아요. 그다음에 작은 냄비에 물을 넣고, 녹인 소고기와 간 쌀을 30분 정도 2) ________. 이렇게 이유식을 만든 후에 한 번에 먹을 수 있는 만큼 냉동 용기에 넣어서 냉동실에 3) ________. 그리고 필요할 때마다 전자레인지에 넣어서 4) ________. 너무 뜨거우면 조금 5) ________. 그리고 아기에게 6) ________.

문법❶ 요

연습 1 **다음과 같이 '요'를 사용해서 문장을 완성하십시오.**

가: 흐엉 씨, 그 소식 들었어요? 유치원에서 생일 파티를 한대요.
나: 생일 파티__요__? 진짜____? 나는 못 들었는데.
가: 지난주에 선생님께서 말씀하셨는데 못 들었어요?
나: 아니요, 못 들었어요. 언제____?
가: 지난주 수요일____.
나: 그래요? 그런데 파티는 언제래요?
가: 다음 주 월요일이래요.
나: 그래요? 뭘 준비해야 돼요?
가: 과일이랑 케이크____.

연습 2 **대화를 완성하십시오.**

보기
가: 석훈 씨, 석훈 씨가 이렇게 했어요?
나: 제가요? 저는 그렇게 한 적 없는데요.

1) 가: 어떡하죠? 저희 아이 반 유치원 선생님이 그만두신대요.
나: 네? ____________________? (정말)
가: 몸이 안 좋아지셔서 쉬셔야 한대요.
나: 그래요? ____________________? (언제부터)
가: 당장 다음 주부터 못 나오신대요.

2) 가: 저 먼저 가 봐야겠어요. 오늘 오후에 소파가 오기로 했거든요.
나: ____________________? (소파)
가: 집에 있는 소파가 낡아서요. 지난주에 남편이랑 같이 가서 샀어요.
나: ____________________? (어디에서)
가: 집 앞에 있는 가구점에서 샀어요. 지금 세일을 하고 있으니까 한번 가 보세요.

3) 가: 나트 씨, 이번 휴가를 어디로 가요?
나: ____________________. (고향에) 부모님을 뵈러 가요. 친구들과 가족들이 보고 싶어서요.
가: 정말요? ____________________? (며칠 동안)
나: 일주일 정도 다녀오려고요.

연습 1 다음 표를 완성하십시오.

-이-		-히-		-리-	
먹다	먹이다	입다	입히다	울다	울리다
보다		앉다		살다	
녹다		읽다		알다	
죽다		식다			
끓다		눕다			

-기-		-우-		-추-	
웃다	웃기다	비다	비우다	늦다	늦추다
숨다		깨다			
벗다		*타다	태우다		
남다		*쓰다			
감다		*서다			
		*자다			

연습 2 맞는 것을 고르십시오.

보기
- 너무 배가 불러서 음식을 (남았어요/남겼어요).
- 아깝게 음식이 너무 많이 (남았어요/남겼어요).

1) 엄마가 아이에게 새로 산 옷을 (입었어요/입혔어요).
   아이가 새 옷을 (입었어요/입혔어요).

2) 출퇴근 시간이라 길이 많이 막히니까 저는 지하철을 (타야겠어요/태워야겠어요).
   저는 운전할 때 아기를 항상 카 시트에 (탑니다/태웁니다).

3) 매일 저녁 아기는 애들 아빠가 (씻어 줘요/씻겨 줘요).
   과일은 항상 깨끗하게 (씻어서/씻겨서) 먹어야 해요.

4) 물이 (끓는데/끓이는데) 빨리 가스 불을 꺼야죠.
   지금 커피 마시려고 물을 (끓는데/끓이는데) 같이 드실래요?

5) 내일 아침에 회사에 좀 일찍 가야 하는데 아침에 좀 (깨 줄래요/깨워 줄래요)?
   아침에 창밖에서 시끄러운 소리가 나서 일찍 (깼어요/깨웠어요).

문법❸ -(으)ㄹ 수도 있다

연습 1 문장을 완성하십시오.

> 보기 비가 오면 야구 경기가 취소될 수도 있어요. (야구 경기가 취소되다)

1) 오늘은 ______________________. 먼저 저녁 먹어요. (야근을 하다)

2) 네 살 아이한테는 ______________________. 하나 작은 사이즈를 보세요. (이 옷이 크다)

3) 일요일이라서 ______________________. 도서관 홈페이지에서 확인해 보고 가세요. (도서관이 열지 않다)

4) 그건 새 책이라 ______________________. 직원한테 물어보세요. (할인을 안 하다)

5) 정말 이 영화를 보려고요? ______________________. 괜찮겠어요? (무섭다)

연습 2 대화를 완성하십시오.

자리가 생기다	뜨겁다	매진되다	아프다	닫다	막히다

> 보기 가: 다문화가족지원센터 컴퓨터 수업 신청을 못했는데, 지금 할 수 있나요?
> 나: 취소하는 사람이 나오면 자리가 생길 수도 있어요.

1) 가: 주말이라서 영화표가 빨리 ______________________ 컴퓨터로 미리 예매하는 것이 어때요?
나: 그래요. 그게 좋겠어요.

2) 가: 버스를 탈까요? 지하철을 탈까요?
나: 출퇴근 시간이라서 길이 ______________________ 지하철을 타지요.

3) 가: 피자 배달시켜 먹을까요?
나: 오늘 휴일이라서 문을 ______________________.
나: 아, 전화해 볼게요.

4) 가: 이 음료수 산 지 한 달 됐는데 마셔도 될까요?
나: 먹고 나서 배가 ______________________ 마시지 마세요.

5) 가: 방금 끓여서 ______________________. 식혀서 드세요.
나: 네, 알겠어요.

1 소중한 아기와의 하루하루를 기억하기 위해서 '육아 일기'를 쓰는 부모들이 있습니다. 여러분도 '육아 일기'를 써 본 적이 있습니까?

2 영빈 엄마의 육아 일기입니다. 다음을 읽고 질문에 답하십시오.

2018. 7. 31. 날씨 맑음

오늘은 점심에 시부모님께서 오셨다. 우리는 집에서 칼국수를 만들어 먹고 후식으로 시부모님께서 사 오신 복숭아를 맛있게 먹었다. 그러고 나서 모두 같이 소파에 앉아서 이런저런 이야기를 하고 있었다. 그런데 그때 갑자기 영빈이의 얼굴이 빨갛게 변했다. 그리고 점심으로 먹은 칼국수와 복숭아를 모두 토하기 시작했다. 너무 놀라서 당황하고 있는데 어머님께서 서둘러서 영빈이에게 옷을 입히시고, 빨리 병원에 가자고 하셨다. 우리는 영빈이를 차에 태우고 근처에 있는 병원으로 달려갔다. 병원에서 진료를 기다리는 동안에도 영빈이의 몸이 점점 뜨거워지면서 열이 났다.

병원에 도착해서 의사 선생님께 진찰을 받았다. 의사 선생님께서는 영빈이를 보시고 음식 알레르기라고 하셨다. 의사 선생님께서 점심에 먹인 복숭아 때문일 수도 있다고 하셨다. 나는 우리 영빈이가 복숭아에 알레르기가 있는지 모르고 있었다. 집에 와서 영빈이는 병원에서 받은 약을 먹고 조금씩 괜찮아졌다. 아이를 키우는 일이 정말 쉽지 않다는 것을 배운 하루였다.

1) 아이의 증상이 아닌 것은 무엇입니까?

① 토했다. ② 열이 났다.
③ 기침을 했다. ④ 빨갛게 되었다.

2) 아이에게 왜 이런 증상이 생겼습니까?

① 너무 매워서 ② 감기에 걸려서
③ 알레르기가 있어서 ④ 점심에 칼국수를 먹어서

3) 맞으면 ○, 틀리면 × 하십시오.

① 병원까지 차를 타고 갔다. ( )
② 아이는 약을 먹은 후 좀 나아졌다. ( )
③ 이 사람은 시부모님과 같이 칼국수를 먹으러 식당에 갔다. ( )

☐ 시부모님 ☐ 후식 ☐ 변하다 ☐ 당황하다 ☐ 서두르다 ☐ 알레르기

3 다음은 다니엘 부부의 하루입니다. 무엇을 했는지 쓰십시오.

• 아침에 아이를 깨웠다.

4 다니엘 부부의 육아 일기를 써 봅시다.

2018년 12월 13일

오늘도 아침 8시에 아이를 깨웠다. 그리고 서둘러서 밥을 먹였다. 그런데 아이는 계속 안 먹겠다고 하면서 울었다.

14 수리하는 데 시간이 얼마나 걸려요?

1 서비스 센터 수리 접수증을 보고 질문에 답하십시오.

A/S 센터 수리 접수증			
제품명	휴대 전화	접수 날짜	2018년 10월 17일
신청자	아미르	수리 기사	박수리
수리비	150,000원	수리 기간	10월 17일~10월 18일
고장 내용	휴대 전화를 땅에 떨어뜨려서 액정이 깨졌어요. 화면이 안 보여요.		
㈜ 한국전자			

1) 무엇이 고장 났어요?

2) 누가 수리를 맡겼어요?

3) 수리비가 얼마예요?

4) 수리 기간이 얼마나 돼요?

5) 왜 휴대 전화를 A/S 센터에 맡겨요?

2 어떻게 수선하고 싶습니까? 친구와 이야기해 보십시오.

길이가 길다

허리가 작다

단추가 떨어지다

찢어지다

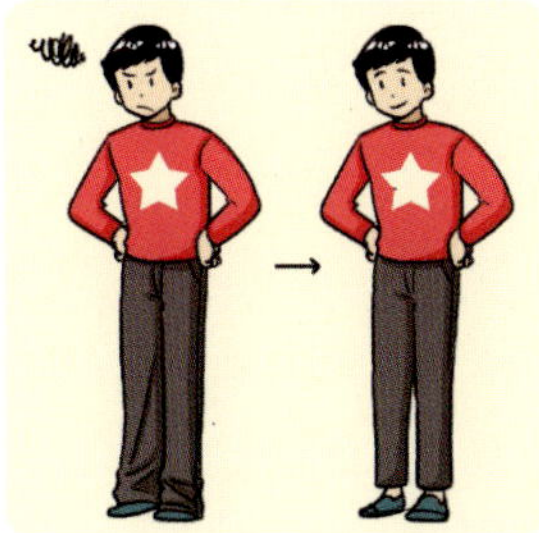

길이를 줄이다

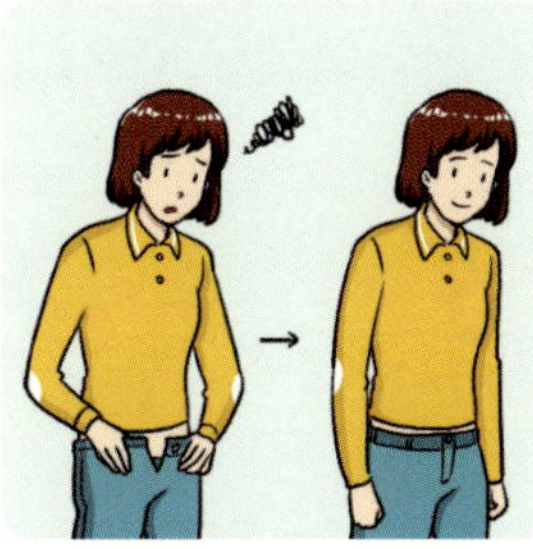

허리를 늘이다

단추를 달다

꿰매다

통이 넓다

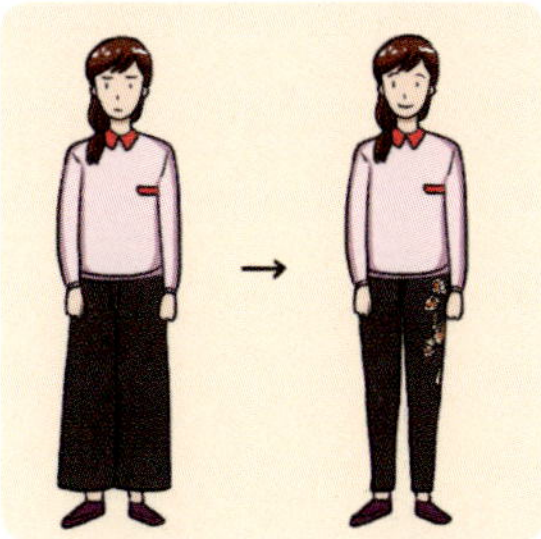

통을 줄이다
(리폼하다)

문법❶ -(으)면 -(으)ㄹ수록

연습 1 대화를 완성하십시오.

보기
가: 한국어 공부가 재미있어요?
나: 네, 배우면 배울수록 재미있어요. (배우다)

1) 가: 이 식당 음식이 입에 맞아요?
나: 네, 이 식당 음식은 ______________________ 맛있어요. (먹다)

2) 가: 에디 씨는 어떤 사람이에요?
나: ______________________ 좋은 사람이에요. (만나다)

3) 가: 이 일을 언제까지 끝내야 돼요?
나: ______________________ 좋아요. (빠르다)

연습 2 그림을 보고 대화를 완성하십시오.

보기

등산을 하다

건강해지다

가: 어떻게 그렇게 건강해지셨어요?
나: 등산을 하면 할수록 건강해지는 것 같아요.

1)

빨다

작아지다

가: 옷이 좀 작네요.
나: 처음에는 안 작았는데 ______________________.

2)

사용하다

마음에 들다

가: 노트북이 마음에 드세요?
나: 네. 이 노트북은 ______________________.

3)

많다

좋다

가: 아이스크림 몇 개 사올까요?
나: ______________________.

-(으)ㄹ 수밖에 없다

연습 1 **대화를 완성하십시오.**

> **보기** 가: 왜 아직도 안 가고 있어요?
> 나: 아직도 제 짐만 안 나와서 기다릴 수밖에 없어요. (기다리다)

1) 가: 어디예요? 아직 회사 안 끝났어요?
   나: 오늘 좀 늦을 것 같아. 일이 많은데 시간이 되는 사람이 나밖에 없어. 내가 남아서 ______________________. (일을 하다)

2) 가: 석훈 씨, 분홍색 옷을 입은 것은 처음인 것 같은데요.
   나: 네, 파란색을 사려고 했는데 다 팔려서 ______________________. (이 색깔을 사다)

3) 가: 태한이가 언제부터 어린이집에 다녔어요?
   나: 지난주부터요. 제가 다시 일을 시작했거든요. 그래서 아이를 ______________________.
   (어린이집에 맡기다)

연습 2 **그림을 보고 문장을 완성하십시오.**

보기

한국어를 잘하다

저는 한국에서 10년 동안 살았어요.
그래서 한국어를 잘할 수밖에 없어요.

1)

키가 크다

부모님이 두 분 다 크세요.
그래서 ______________________.

2)

7시 영화를 보다

5시 영화표는 이미 매진됐어요.
그래서 ______________________.

3)

길이 복잡하다

추석에는 사람들이 고향에 내려가요.
그래서 ______________________.

문법❸ -는 데

연습 1 한 문장으로 완성하십시오.

보기 에어컨을 수리해요. 10만 원이 들어요.
➡ 에어컨을 수리하는 데 10만 원이 들어요.

1) 냉장고를 수리해요. 3시간이 걸려요.
➡ ______________________________.

2) 비행기표를 사요. 60만 원이 들어요.
➡ ______________________________.

3) 생일 파티를 준비했어요. 20만 원이 들었어요.
➡ ______________________________.

4) 어젯밤에 숙제를 했어요. 1시간이 걸렸어요.
➡ ______________________________.

연습 2 다음 그림을 보고 대화를 완성하십시오.

보기

가: 카메라를 수리하는 데 시간이 얼마나 걸려요?
나: 3일 걸려요.

1)

가: ______________ 몇 사람이 필요해요?
나: 9명이 필요해요.

2)

가: ______________ 수선비가 얼마나 들어요?
나: 수선비는 2만 원이에요.

3)

가: ______________ 얼마나 걸려요?
나: 30분쯤 걸려.

1 여러분 나라에서는 전자 제품을 어떻게 수리합니까?

2 서비스 센터에 보낸 이메일입니다. 다음을 읽고 질문에 답하십시오.

답장 | 전달 | 다시 보내기 | 삭제 | 이동 ▼ | 검색 | 목록 | 인쇄

제목 택배 수리 가능한가요?

보낸 사람 amir@naramail.net

받는 사람 ascenter@seoule.ac.kr

안녕하세요?

전기 압력 밥솥 수리 때문에 문의드립니다.

제가 살고 있는 제주에는 서울전자 압력 밥솥 수리 센터가 없습니다.

그래서 수리를 받으려면 서울이나 부산에 갈 수밖에 없습니다. 제가 직접 가서 수리를 받을 경우 시간과 돈이 너무 많이 들어서 택배로 보내서 수리를 받을 수 있는지 알고 싶습니다.

제가 사용하고 있는 밥솥은 2016년에 백화점에서 산 제품이고 모델명은 CH150입니다. 압력이 약해져서 밥이 잘 안 되고 예약 취사가 잘 안 됩니다. 택배로 보내서 수리가 가능한지, 수리하는 데 시간은 얼마나 걸리는지, 수리비는 얼마인지 알고 싶습니다.

그럼 답장 부탁드립니다. 답장은 빠르면 빠를수록 좋겠습니다.

1) 이 사람에게 답장을 보낼 때 알려 줘야 하는 세 가지는 무엇입니까?

( ), ( ), ( )

2) 다음 중 맞지 않는 것을 고르십시오.

① 이 사람은 제주에 살고 있다.

② 이 사람은 밥솥을 마트에서 샀다.

③ 이 사람의 밥솥은 예약해서 밥하는 것이 잘 안 된다.

④ 이 사람은 직접 가서 수리를 받는 데 돈이 많이 들기 때문에 부담스럽다.

☐ 가능하다 ☐ 문의하다 ☐ 압력 ☐ 예약 ☐ 취사 ☐ 답장

3 수리 센터에 이메일을 보내려고 합니다. 다음과 같이 메모를 하십시오.

메일 제목	택배 수리 가능한가요?
고장 난 제품	전기 압력 밥솥
증상	압력이 약해요. / 예약 취사가 안 돼요.
알고 싶은 것	택배 수리가 가능한가요? / 수리 시간이 얼마나 걸리나요? / 수리비는 얼마인가요?

4 위의 메모를 바탕으로 서비스 센터에 보내는 이메일을 써 봅시다.

답장 전달 다시 보내기 삭제 이동 ▼ 검색 목록 인쇄

제목

보낸 사람

받는 사람 ascenter@seoule.ac.kr

15 조용하기는커녕 시끄러워서 잠도 못 자겠어요.

1 불편 사항이 있으면 어디에 신고합니까? 알맞은 신고 기관을 연결하고 이야기하십시오.

1) 

윗집 사람들이 너무 시끄러워요. 층간 소음 때문에 스트레스 받아요. •

2) 

백화점에서 옷을 사는데 직원이 불친절하고 저한테 반말을 했어요. •

3) 

동네 가로등이 너무 어두워서 밤에 너무 무서워요. •

4) 

수영장에 못 다니게 되었는데 환불을 안 해 줘요. •

5) 

주차장에서 누가 제 차를 긁었어요. •

• 주차 관리실

• 아파트 관리 사무소

• 한국소비자보호원

• 주민 센터 민원실

• 고객 센터

층간 소음 때문에 너무 힘들어요. 어디에 신고하면 돼요?

아파트 관리 사무소에 신고하세요.

2 나트 씨가 120 다산콜센터에 민원을 넣었습니다. 다음을 읽고 질문에 답하십시오.

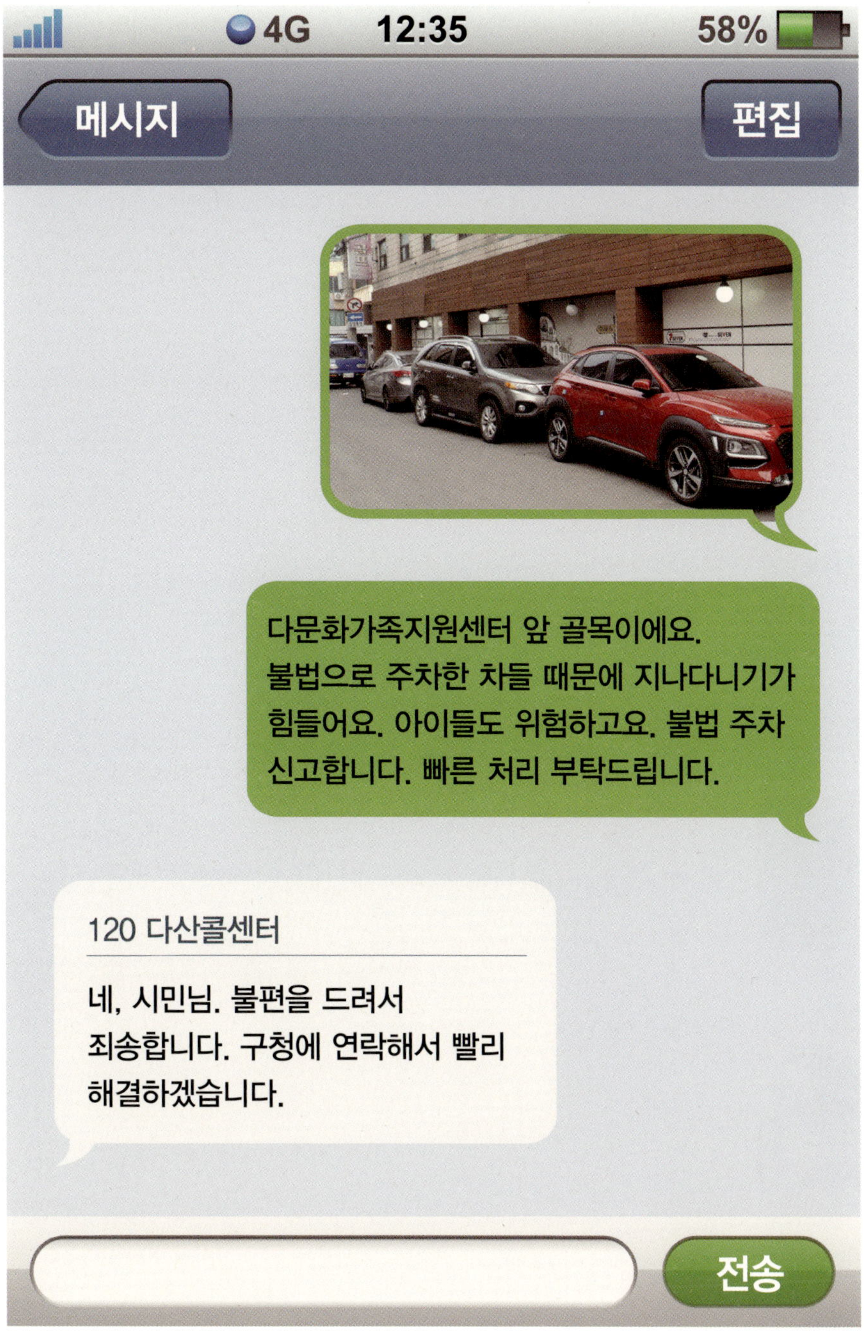

1) 나트 씨의 불만이 뭐예요?

2) 나트 씨가 불만을 어디에 신고했어요?

3) 나트 씨가 불만을 어떻게 신고했어요?

4) 여러분은 어떤 불만이 있어요? 어디에 민원을 넣고 싶어요? 이야기해 보세요.

문법❶ -(으)십시오

연습 1 대화를 완성하십시오.

> **보기** 가: 불만 사항을 신고하려고 하는데요.
> 나: 먼저 이 신고서를 <u>쓰십시오</u>. (쓰다)

1) 가: 병원에서는 위험하니까 ______________________. (뛰지 말다)
   나: 네, 죄송합니다.

2) 가: 저기요, 돈을 찾으려면 어떻게 해야 해요?
   나: 여기에 카드를 ______________________. (넣다)

3) 가: 얼마나 더 기다려야 해요?
   나: 죄송합니다. 5분만 더 ______________________. (기다려 주다)

4) 가: 오늘 이사를 가지요? 건강하게 잘 지내요.
   나: 감사합니다, 선생님. ______________________. (안녕히 계시다)

연습 2 그림을 보고 안내문을 완성하십시오.

보기

들어오다

여기로 <u>들어오십시오</u>.

1) 

줄을 서다

차례대로 ______________________.

2) 

누르다

동전을 넣고 버튼을 ______________________.

3) 

먹다

식후 30분에 ______________________.

은/는커녕, -기는커녕

문법❷

연습 1 **대화를 완성하십시오.**

보기 가: 영화가 잘 보이지요?
나: 잘 보이기는커녕 소리도 안 들려요.

1) 가: 요즘도 산에 자주 가요?
나: ______________________ 시간이 없어서 한 달에 한 번도 못 가고 있어요.

2) 가: 주말이라서 축제에 사람이 많았지요?
나: 아니에요. ______________________ 평일보다도 적었어요.

3) 가: 호주는 지금 날씨가 춥지요?
나: 아니요, ______________________ 반팔 티셔츠를 입고 다닐 정도예요.

4) 가: 아침 많이 먹었어요?
나: ______________________ 시간이 없어서 물도 한 잔 못 마셨어요.

연습 2 **그림을 보고 대화를 완성하십시오.**

보기

국내 여행도 X
가: 휴가 때 해외여행 다녀오셨지요?
나: 아니요, 해외여행은커녕 국내 여행도 못 갔어요.

1)

숙제도 X
가: 시험공부 많이 했어요?
나: 아니요, ______________________.

2)

쿠키도 X
가: 민수 씨, 피자를 만들 줄 알아요?
나: 아니요, ______________________.

3)

아침도 X
가: 점심 먹었어요?
나: 시간이 없어서 ______________________.

문법❸ -아/어야지요

연습 1 알맞게 연결하고 문장을 완성하십시오.

보기	영화관	•	• 떠들지 말다
1)	도서관	•	• 휴대폰을 끄다
2)	수업시간	•	• 선생님 말씀을 잘 듣다
3)	식사	•	• 손을 씻다

보기 영화관에서는 휴대폰을 꺼야지요 __________.

1) 도서관에서는 ____________________.

2) 수업 시간에는 ____________________.

3) 식사하기 전에는 ____________________.

연습 2 그림을 보고 대화를 완성하십시오.

보기

가: 저도 석훈 씨처럼 운전하고 싶어요.

나: 운전을 하려면 먼저 운전면허부터 <u>따야지요</u>. (따다)

1)

가: 감기에 걸려서 열이 많이 나요.

나: 아프면 빨리 병원부터 ____________________. (가다)

2)

가: 오늘 너무 바빠서 한 끼도 못 먹었어요.

나: 바빠도 밥은 꼭 ____________________. (챙겨 먹다)

3)

가: 저는 나중에 가수가 될 거예요.

나: 가수가 되려면 노래 연습부터 열심히 ____________________. (하다)

1 여러분은 한국 생활 중에서 어떤 불편을 겪었습니까?

2 생활하면서 불편한 점을 신고한 글입니다. 다음을 읽고 질문에 답하십시오.

서울시 응답소　　　검색

민원 신청 | 민원 결과 | **사례 모음** | 소통 광장 | 정보 광장

사례 모음
- 민원 사례 〉
- 제안 사례 〉
- 행정 개선 우수 사례 〉
- 자주 묻는 질문 〉

제목	북서울꿈의숲
신청일	2017-11-01
조회수	62
첨부파일	첨부된 파일이 없습니다

Q. 상담내용

안녕하세요?
서울 시민을 위해 노력해 주셔서 감사합니다.
저는 매일 북서울꿈의숲에서 산책을 하고 있는데요.
개 목줄을 안 하고 산책하는 사람이 정말 많습니다.
작은 개부터 큰 개까지 정말 많아요.

가끔 관리인이 와서 목줄을 하라고 하면 잠깐 하다가 다시 풉니다.
공원에 유치원 아이들도 많이 소풍 오고 아직 어린 아기들도 많은데 정말 걱정됩니다.

매일 갈 때마다 개 목줄을 풀어 놓은 사람들을 5명 이상 봅니다.
큰 사고가 발생할 수 있는 만큼, 반드시 잘 단속해 주시기 바랍니다.
개에게 물리는 사람이 생길까 봐 너무 걱정됩니다.

슬픈 사고가 발생하지 않도록 잘 관리해 주시기를 다시 한 번 부탁드립니다. 감사합니다.

A. 답변 내용 (담당 부서: 중부공원녹지사업소 북서울꿈의숲 관리 사무소)
안녕하십니까? 북서울꿈의숲 운영 팀 이동유입니다.
먼저 저희 북서울꿈의숲에 많은 관심과 애정을 가져 주신 점에 대해 감사의 인사를 드립니다.
…….

1) 이 사람은 왜 민원을 제기했습니까?

____

2) 맞으면 ○, 틀리면 × 하십시오.
① 이 사람은 이 공원에서 매일 산책한다. (　　)
② 이 공원에는 관리인이 없어서 문제이다. (　　)
③ 이 사람은 개에게 물리는 사고를 미리 예방하기 위해 단속이 필요하다고 생각한다. (　　)

☐ 관리인　☐ 풀다　☐ 걱정(이) 되다　☐ 발생하다　☐ 단속하다　☐ 답변

3 여러분은 주변에서 어떤 불편을 겪고 있습니까? 다음과 같이 메모를 하십시오.

불편한 점	공원에 목줄을 안 하고 다니는 개가 많습니다.
걱정되는 점	아이들이 위험합니다. 개에게 물리면 죽을 수도 있습니다.
원하는 조치	강력하게 단속해 주세요.

4 위의 메모를 바탕으로 불편 사항을 신고하는 글을 써 봅시다.

서울시 응답소 검색

제목	
신청일	
조회 수	
첨부 파일	

Q. 상담 내용

A. 답변 내용

16 향수병인가 봐요.

1 문장을 완성하십시오.

풍경	국제결혼	타향	타국	시차

1) 어젯밤 꿈에 제 고향 집 주변의 ________ 이/가 보였어요. 제가 다니던 학교, 제가 버스를 기다리던 버스 정류장의 모습이 정말 똑같더라고요.

2) 저는 한국에 살고 있는 외국인입니다. 한국은 저에게 ________ (이)지만 또한 저에게는 제2의 고향입니다.

3) 제 고향은 유럽이에요. 그래서 처음에는 ________ 때문에 정말 고생을 많이 했어요. 낮과 밤이 바뀌어서 정말 힘들더라고요.

4) 저는 외국인이고 제 남편은 한국 사람입니다. 우리는 ________ 을/를 했어요. 그래서 저는 지금 우리 나라가 아니라 ________ 에서 살고 있습니다.

2 문장을 완성하십시오.

시달리다	적응하다	낯설다	낯익다
귀국하다	떨어지다	설레다	익숙하다

1) 처음 한국에 왔을 때는 새로운 곳에 간다는 생각에 ________ 또 모든 것이 새로웠기 때문에 ________. 음식도 다르고 말도 다르고 사람들의 모습도 다르고요. 그런데 이렇게 몇 년 살다 보니까 이제는 많이 ________ 도 되고 ________.

2) 얼마 전에 오랜만에 고향에 갔다 왔어요. 고향의 공항에 딱 내리니까 ________ 풍경이 눈에 들어오더라고요. 정말 기뻤어요.

3) 저는 한국에 산 지 5년 정도 됐어요. 그런데 얼마 전부터 이유 없이 기분도 안 좋고 짜증이 늘었어요. 아마 저는 요즘 향수병에 ________ 것 같아요. 고향에 한번 다녀와야겠어요.

4) 저는 한국에서 사는 것에 만족하고 있어요. 그런데 한 가지 마음에 걸리는 것이 있어요. 부모님과 멀리 ________ 살고 있으니까 부모님 건강이 항상 걱정이에요.

3 여러분의 고향은 어떤 모습입니까? 다음 중 가장 가까운 것을 골라 말로 설명해 보십시오.

고기잡이	고기를 잡다
갯벌	조개를 캐다
염전	소금을 만들다
양식장	김을 양식하다

논/밭	야채/채소를 재배하다
과수원	과일을 따다
비닐하우스	농사를 짓다
축사	소, 돼지, 닭을 기르다

고층 빌딩	즐비하다
매연	가득하다
도로	막히다 / 교통 체증
인파	분주하게 움직이다 / 붐비다

문법❶ -(으)ㄴ지/-는지

연습 1 대화를 완성하십시오.

보기 가: 아직 승현 씨가 안 왔어요?
나: 네, 길이 막히는지 생각보다 많이 늦네요. (막히다)

1) 가: 부장님은 출근하셨어요?
나: 자리에 ________________ 확인해 볼게요. (계시다)

2) 가: 여기 과일이 싸네요. 이걸로 삽시다.
나: 잠깐만요, 먼저 과일 상태가 ________________ 확인해 보고 사요. (괜찮다)

3) 가: 이경 씨는 어디에 갔어요?
나: 급한 일이 ________________ 지갑도 안 가지고 나가던데요. (있다)

연습 2 대화를 완성하십시오.

많다 고프다 오르다 지루하다

보기 가: 지하철역 옆에 새로 생긴 분식점에 가 봤어요?
나: 네, 양이 어찌나 많은지 둘이 먹는데 다 먹을 수가 없었어요.

1) 가: 저 영화 봤어요? 며칠 전에 개봉했더라고요.
나: 네, 봤어요. 그런데 어찌나 ________________ 보다가 잠이 들었어요.

2) 가: 어제 집에 잘 들어갔어요?
나: 네, 잘 들어갔어요. 그런데 저녁을 조금밖에 안 먹어서 그런지 집에 가자마자 어찌나 배가 ________________ 라면을 또 끓여 먹었어요.

3) 가: 어제 환전했지요? 요즘 환율이 어때요?
나: 말도 마세요. 환율이 어찌나 ________________ 환전을 해도 얼마 되지 않아요.

돋보기

- 어찌나 -(으)ㄴ/는지
  - 눈이 **어찌나** 많이 오**는지** 앞이 잘 보이지 않았어요.
  - 과일값이 **어찌나** 비싼**지** 많이 살 수가 없었어요.
  - 한강에 사람이 **어찌나** 많**은지** 앉을 자리가 없더라고요.

-(으)ㄴ가 보다/-나 보다

연습 1 그림을 보고 대화를 완성하십시오.

하다	피곤하다	맛있다

보기

가: 우리 이 식당에서 점심을 먹을까요?

나: 네, 그래요. 사람들이 줄을 서 있는 걸 보니 이 식당 음식이 맛있나 봐요.

1)

가: 저 슈퍼마켓에서 오늘 할인 행사를 ______________________.

나: 오늘은 저 슈퍼마켓에서 장을 봐야겠어요.

2)

가: 에디 씨, 안색이 안 좋네요. 많이 ______________________.

나: 어제 일이 많아서 밤을 새웠더니 피곤하네요.

연습 2 대화를 완성하십시오.

보기 가: 주말에 부산으로 여행을 가려고 했는데 기차표가 벌써 다 팔렸대요.

나: 주말이라 여행 가는 사람들이 많은가 봐요. (많다)

1) 가: 오늘 자가 씨 기분이 별로 ______________________. (안 좋다)

나: 아니, 왜요?

가: 묻는 말에도 대답하지 않고, 하루 종일 식사도 안 해요.

2) 가: 차가 너무 막히네요.

나: 그러게 말이에요. 출퇴근 시간도 아닌데….

가: 이 시간에 이렇게 막히는 것을 보니까 ______________________. (사고가 나다)

3) 가: 학교 앞 샌드위치 가게가 일주일 전부터 문을 열지 않아요.

나: 장사가 안돼서 ______________________. (문을 닫다)

문법❷ -곤 하다

연습 1 대화를 완성하십시오.

> 보기 가: 마리 씨는 스트레스를 어떻게 풀어요?
> 나: 저는 스트레스가 쌓일 때마다 영화관에서 혼자 영화를 보곤 해요. (영화를 보다)

1) 가: 잠이 안 올 때 어떻게 해요?
   나: 저는 따뜻한 우유를 ______________________. (마시다)

2) 가: 한국어를 어떻게 연습해야 할지 모르겠어요.
   나: 저는 시간이 있을 때마다 한국 드라마를 보면서 ______________________. (따라 하다)

3) 가: 가족들이 너무 보고 싶어요.
   나: 저는 가족들이 그리울 때마다 ______________________. (영상 통화를 하다)

4) 가: 한국에서 아르바이트를 해 봤어요?
   나: 네, 시간이 있을 때마다 근처 가게에서 ______________________. (아르바이트를 하다)

연습 2 문장을 완성하십시오.

> 보기 고향에서 동생과 자주 근처 산에 놀러 가곤 했어요.

1) 어렸을 때는 방학마다 동생과 할머니 댁에 ______________________.
   지금도 그때가 가끔씩 그리워요.

2) 필리핀에 있을 때 자주 친구들과 강에 가서 ______________________.

3) 스트레스가 쌓일 때마다 근처 공원을 ______________________.
   그러면 기분이 한결 나아져요.

4) 저는 고향에 있는 가족들이 보고 싶을 때마다 친구들과 고향 음식을
   ______________________.

1 여러분의 고향은 어떤 곳입니까? 고향에서 가장 기억에 남는 추억은 무엇입니까?

2 다음을 잘 읽고 질문에 답하십시오.

제 이름은 트엉입니다. 저는 베트남 다낭에서 왔습니다. 제가 살던 마을은 크지는 않지만 조용하고 아름다운 어촌 마을입니다. 마을 앞에는 넓고 푸른 바다가 있습니다. 그래서 어렸을 때 저는 남동생과 함께 자주 바닷가에서 산책을 하거나 수영을 하곤 했습니다.

저희 아버지는 어부이십니다. 매일 바다에 나가서 고기를 잡아 오셨습니다. 저와 남동생도 낚시를 좋아해서 가끔 아버지와 함께 바다에 가서 아버지를 도와드리곤 했습니다. 우리가 물고기를 잡아 오면 어머니께서는 잡아 온 물고기들을 손질하셔서 바닷가 근처의 시장에서 파셨습니다. 그리고 팔고 남은 생선들로 맛있는 저녁 식사를 만들어 주셨습니다. 가끔 어머니께서 만들어 주셨던 생선 요리도 너무 먹고 싶고, 동생과 뛰어놀던 바닷가에도 가 보고 싶습니다.

1) 윗글을 읽고 알 수 없는 것은 무엇입니까?

① 이 사람은 동생과 자주 가던 바닷가가 그립다.
② 이 사람의 어머니는 근처 시장에서 물고기 파는 일을 하셨다.
③ 이 사람은 가끔 어머니께서 만들어 주신 생선 요리가 그립다.
④ 이 사람과 남동생은 매일 아버지와 함께 바다에 고기를 잡으러 가곤 했다.

2) 맞으면 ○, 틀리면 × 하십시오.

① 트엉 씨가 살던 베트남의 고향은 조용한 바닷가 마을이다. ( )
② 트엉 씨와 남동생은 자주 수영을 하곤 했다. ( )
③ 트엉 씨 아버지의 취미는 낚시이다. ( )

어촌 어부 고기를 잡다 손질하다 남다 뛰어놀다

3 여러분의 고향은 어떤 곳입니까? 고향에서의 생활은 어땠습니까? 메모해 보십시오.

	고향 생활
고향의 자연환경	
고향에서의 일상생활	
그리운 것	

4 다문화가족지원센터에서 '센터 신문'을 만드는데 여러분에게 '고향을 소개하는 글'을 써 달라고 부탁을 했습니다. 글을 써 봅시다.

나의 고향 ________________

보충·복습 듣기 (9~16과)

※ [1~3] 다음을 듣고 알맞은 그림을 고르십시오. Track 13

1. ①

②

③

④

2. ①

②

③

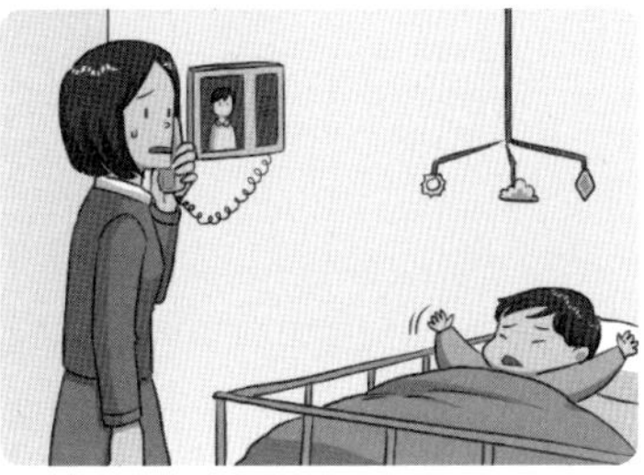

④

3. ①
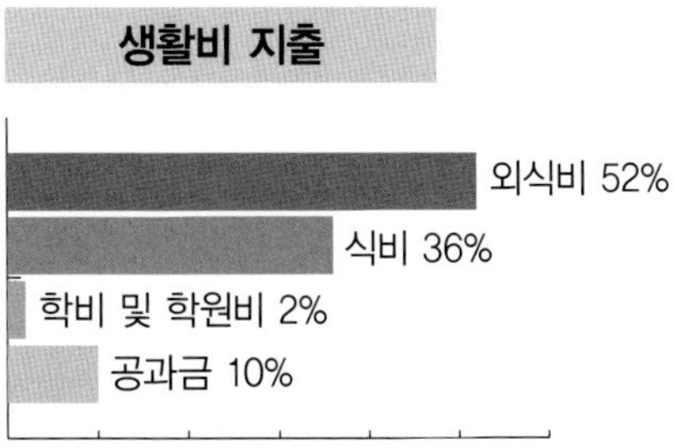

②
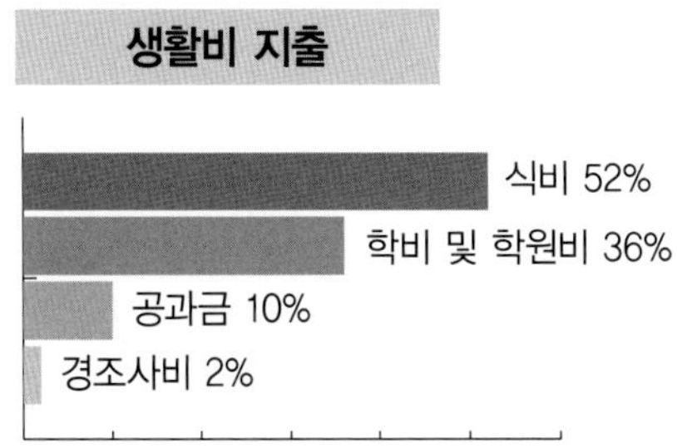

③
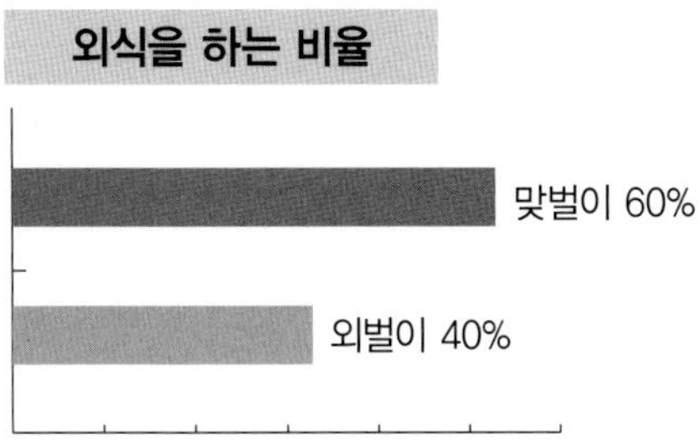

④
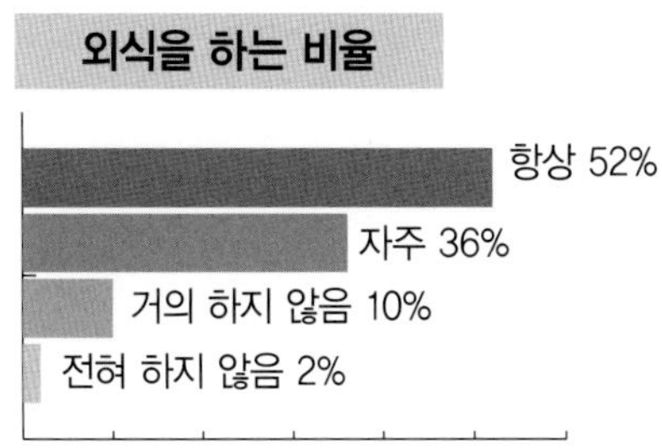

※ [4~5] 다음 대화를 잘 듣고 이어질 수 있는 말을 고르십시오. Track 14

4. ① 주말에 영화관에 가기로 했어요.
② 주말이면 마트에 가는 편이에요.
③ 저는 놀이공원에 가는 게 좋아요.
④ 아파트 옆에 있는 공원이 가 볼 만해요.

5. ① 신청을 했다가 취소했어요.
② 여기 처방전을 받으십시오.
③ 이 민원 신청서를 써 주십시오.
④ 저는 벌써 신청서를 제출했어요.

※ [6~7] 다음 대화를 잘 듣고 남자가 이어서 할 행동으로 알맞은 것을 고르십시오. Track 15

6. ① 태한이를 재운다.
② 태한이를 목욕시킨다.
③ 태한이에게 이유식을 먹인다.
④ 냉장고에 있는 이유식을 데운다.

7. ① 가계부를 쓴다.
② 가계부를 사러 간다.
③ 반값 물건을 사러 간다.
④ 가격 비교 사이트에 들어간다.

※ [8~9] 다음을 듣고 내용과 일치하는 것을 고르십시오. Track 16

8. ① 남자는 향수병에 걸렸다.
② 여자는 고향 음식이 먹고 싶다.
③ 여자는 가족들 생각이 많이 난다.
④ 남자는 어제 고향 음식을 먹었다.

9. ① 9시 이후 세탁기 사용을 조심해야 된다.
② 실내에서 뛰는 경우 관리실에 알려야 한다.
③ 층간 소음 문제는 직접 해결해야 한다.
④ 이 아파트에는 층간 소음 문제가 전혀 없다.

※ [10~11] 다음을 듣고 남자의 중심 생각을 고르십시오. Track 17

10. ① 신혼집 물건은 새 제품을 사야 한다.
② 가격이 저렴한 중고 제품은 쓸 만하다.
③ 중고 제품 가게에서 파는 물건은 별로 좋지 않다.
④ 중고 제품 가게에 가서 가격을 비교해 보는 게 좋다.

11. ① 통장은 많으면 많을수록 좋다.
② 돈을 나누어서 저금해야 한다.
③ 저금을 잘하면 돈을 잘 쓸 수 있다.
④ 돈이 생기면 무조건 저금을 해야 한다.

※ [12~13] 다음을 듣고 물음에 답하십시오. Track 18

12. 남자의 중심 생각으로 맞는 것을 고르십시오.

① 배터리를 새로 사는 것이 좋다.
② 휴대 전화를 새로 사는 것이 좋다.
③ 휴대 전화 배터리는 고칠 수 없다.
④ 휴대 전화가 고장 난 것은 배터리 때문이다.

13. 들은 내용으로 맞는 것을 고르십시오.

① 남자는 휴대 전화를 파는 사람이다.
② 여자는 휴대 전화 수리를 받을 것이다.
③ 배터리는 쓸수록 사용 시간이 짧아진다.
④ 여자는 전에 휴대 전화를 수리받은 적이 있다.

※ [14~15] 다음을 듣고 물음에 답하십시오. Track 19

14. 남자는 무엇을 하고 있는지 고르십시오.

① 진료를 받고 있다.
② 진찰을 하고 있다.
③ 아기를 돌보고 있다.
④ 처방전을 주고 있다.

15. 들은 내용으로 맞는 것을 고르십시오.

① 여자는 감기에 걸렸다.
② 여자는 하루 세 번 약을 먹어야 한다.
③ 아기는 어제부터 열이 나기 시작했다.
④ 감기에 걸려도 열이 나지 않는 아기도 있다.

※ [16~17] 다음을 듣고 물음에 답하십시오. Track 20

16. 들은 내용과 일치하는 것을 고르십시오.

① 여자는 지갑이 두 개 있다.
② 남자는 어제 할인을 받았다.
③ 여자는 할인 쿠폰을 모으고 있다.
④ 남자는 어제 출근을 하지 않았다.

17. 여자의 태도로 가장 알맞은 것을 고르십시오.

① 남자의 행동에 대해 비판적이다.
② 남자의 생각에 부정적인 반응을 보이고 있다.
③ 남자의 말을 긍정적으로 생각하며 칭찬하고 있다.
④ 남자의 말에는 동의하지만 문제점이 있다고 생각한다.

※ [18~19] 다음을 듣고 물음에 답하십시오. Track 21

18. 남자는 누구인지 고르십시오.

① 요리사 ② 한식 전문가
③ 외국인 상담사 ④ 다문화가족지원센터 소장

19. 들은 내용으로 맞는 것을 고르십시오.

① 남자는 결혼한 지 1년이 되었다.
② 남자의 아내는 한국에 시집온 외국인이다.
③ 남자는 다문화가족지원센터에서 일을 한다.
④ 남자는 향수병에 걸렸을 때 태국 음식을 먹었다.

※ [20~21] 다음을 듣고 물음에 답하십시오. Track 22

20. 무엇에 대한 내용인지 맞는 것을 고르십시오.

① 콜센터 상담이 필요한 이유
② 스포츠 센터에서 환불받는 방법
③ 한국에서 살면서 불편했던 경험
④ 한국에서 상담 도움을 받는 방법

21. 들은 내용으로 맞는 것을 고르십시오.

① 여자는 스포츠 센터에서 환불을 받았다.
② 여자는 소비자보호원에 신고한 적이 있다.
③ 전문 상담원이 외국인 대신 상담을 해 준다.
④ 여자의 친구는 한국어를 잘하는 외국인이다.

※ [22~23] 다음을 듣고 물음에 답하십시오. Track 23

22. 남자는 무엇을 하고 있는지 고르십시오.

① '바쁘다'라는 말의 의미에 대해 설명하고 있다.
② '바쁘다'는 말의 의미에 대해 궁금해하고 있다.
③ 상대방의 부탁을 잘 거절하는 방법을 제시하고 있다.
④ '바쁘다'라는 말을 많이 사용하는 현상을 비판하고 있다.

23. 들은 내용으로 맞는 것을 고르십시오.

① 한국 사람들은 늘 바쁜 편이다.
② '바쁘다'의 의미는 모두 같은 것이다.
③ 바쁜 사람들은 '바쁘다'라는 말을 많이 한다.
④ 한국 사람들은 '바쁘다'라는 말을 잘 사용한다.

※ [24~25] 다음은 대담입니다. 잘 듣고 물음에 답하십시오. Track 24

24. 여자의 중심 생각을 고르십시오.

① 한국의 배달은 빠른 편이다.
② 한국의 배달 문화는 부정적인 면이 있다.
③ '빨리빨리' 배달 문화는 위험한 문화이다.
④ 한국의 배달 문화는 국민성과 관련이 있다.

25. 들은 내용과 일치하는 것을 고르십시오.

① 한국은 도로와 교통이 불편한 편이다.
② 한강에서는 음식을 배달해서 먹을 수 없다.
③ 배달이 가능한 물건이나 서비스가 다양하다.
④ 한국 사람들은 '빨리빨리'를 좋아하지 않는다.

보충·복습 읽기 (9~16과)

※ (　　)에 들어갈 가장 알맞은 것을 고르십시오.

1. 퇴근한 후에 친구들을 만나면 (　　) 오히려 스트레스가 풀린다.

① 피곤한데　　② 피곤한 데다가
③ 피곤하기는커녕　　④ 피곤할 뿐만 아니라

※ 다음 밑줄 친 부분과 의미가 비슷한 것을 고르십시오.

2. 서둘러서 나오는 바람에 휴대 전화를 집에 놓고 나왔다.

① 나오면　　② 나올수록　　③ 나왔더니　　④ 나오느라고

※ 다음은 무엇에 대한 글인지 고르십시오.

3.

외식이 부럽지 않다! 나도 요리사처럼 맛있게

① 노트북　　② 세탁기　　③ 전자레인지　　④ 공기 청정기

※ [4~5] 다음 글의 내용과 같은 것을 고르십시오.

4.

세종시 자전거 이용 안내 ▶ 이용 대상: 15세 이상 남녀노소 누구나 가능 ▶ 이용 방법: 홈페이지 확인 ▶ 이용 요금: 60분에 1,000원 ※ 이용 요금은 휴대 전화, 신용 카드, 교통 카드로 낼 수 있습니다.

① 신용 카드로 이용 요금을 낼 수 없다.
② 육십 세 이상의 노인은 자전거를 빌릴 수 없다.
③ 이용하는 방법은 홈페이지에서 찾을 수 있다.
④ 이천 원을 내면 한 시간 동안 자전거를 탈 수 있다.

5.

전자 제품을 살 때 새 제품을 사는 사람도 있지만 중고 전자 제품을 사는 사람들이 점점 늘어나고 있다. 최근에 샀지만 제품을 사용하지 않아서 팔거나 갑자기 돈이 급하게 필요해서 사용하던 물건을 중고 제품으로 파는 경우가 있다. 이런 제품들은 제품의 상태가 매우 좋을 뿐만 아니라 새 제품보다 싸기 때문에 잘 팔린다. 품질이 좋은 중고 전자 제품은 물건을 사는 사람들뿐만 아니라 물건을 파는 사람 모두 만족할 수 있다.

① 새 전자 제품을 사는 사람들이 점점 많아진다.
② 중고 전자 제품들은 품질이 좋은 대신에 비싼 편이다.
③ 갑자기 돈이 필요해서 쓰던 물건을 파는 사람들이 있다.
④ 중고 전자 제품을 사고팔 때 모든 사람이 만족할 수는 없다.

※ 다음을 순서대로 맞게 배열한 것을 고르십시오.

6.

(가) 공과금은 공과금 자동 납부기로 쉽게 낼 수 있다.
(나) 통장이나 카드 비밀번호 네 자리를 누른 후에 명세표를 받는다.
(다) 먼저, 공과금 납부 버튼을 누르고 나서 통장이나 카드 버튼을 누른다.
(라) 통장이나 카드를 위에서 아래로 통과시킨 다음에 공과금 고지서를 넣는다.

① (가)-(라)-(나)-(다)　② (가)-(다)-(라)-(나)
③ (다)-(가)-(나)-(라)　④ (다)-(나)-(라)-(가)

※ 다음을 읽고 (　　)에 들어갈 내용으로 가장 알맞은 것을 고르십시오.

7.

전자 제품을 사면 사용 설명서를 처음부터 꼼꼼히 읽고 쓰는 사람도 있지만 사용 설명서를 읽지 않고 먼저 써 보는 사람도 있다. 하지만 이렇게 하다가 제품이 고장이 나거나 제품을 제대로 사용하지 못하는 경우가 있다. 제품 사용 설명서에는 사용하는 방법, 중요한 기능, 주의 사항 등이 자세히 안내되어 있다. 특히 전자 제품은 (　　　) 에너지 절약을 할 수 있을 뿐만 아니라 안전하게 사용할 수 있다.

① 자세히 살펴보고
② 마음대로 써 보면
③ 설명서대로 사용하면
④ 중요한 기능을 사용하여

※ [8~9] 다음을 읽고 물음에 답하십시오.

나는 백화점에서 삼 년 전에 서울전자 압력 밥솥을 샀다. 이 밥솥은 압력이면 압력, 보온이면 보온, 예약 취사면 예약 취사가 잘 돼서 쓰면서 만족스러웠다. 그런데 지금은 밥이 잘 안 되고 예약 취사도 작동이 안 돼서 수리를 받아야 한다. (   ) 내가 살고 있는 제주에는 서울전자 압력 밥솥 서비스 센터가 없다. 수리를 받으려면 서울이나 부산에 갈 수밖에 없다. 직접 가서 수리를 받으려면 시간과 돈이 많이 드니까 택배로 보내서 수리할 수 있는지 서울전자 서비스 센터에 전화로 문의해 봐야 한다.

8. (   )에 들어갈 알맞은 것을 고르십시오.

① 그런데 ② 그래서 ③ 그러면 ④ 그리고

9. 윗글의 내용과 같은 것을 고르십시오.

① 서울이나 부산에 가서 수리를 받아도 비용이 적게 든다.
② 이 제품을 처음 샀을 때 기능과 품질에 아주 만족했다.
③ 백화점에서 압력 밥솥을 샀는데 지금도 잘 사용하고 있어서 좋다.
④ 내가 사는 곳에 서울전자 서비스 센터가 있어서 직접 수리를 받을 것이다.

※ [10~11] 다음을 읽고 물음에 답하십시오.

어제 우리 집에서 딸과 딸의 친구들이 재미있게 노는 동안 나는 아이들에게 줄 음식을 만드느라 정신이 없었다. 그런데 갑자기 딸이 나를 불러서 현관으로 나가 봤더니 아랫집 사람이 집 앞에 서 있었다. <u>아랫집 사람은 아이들이 계속 소리를 지르고 뛰어서 계속 참다가 더는 참지 못해 올라왔다고 했다.</u> 나는 이 말을 듣고 아이 친구들이 놀러와서 시끄럽게 하고 불편을 끼쳐서 죄송하다고 사과했다. 아랫집 사람은 평소에는 조용하니까 괜찮다고 했다.

10. 밑줄 친 부분에 나타난 '아랫집 사람'의 심정으로 알맞은 것을 고르십시오.

① 슬프다 ② 시끄럽다 ③ 당황스럽다 ④ 짜증이 나다

11. 윗글의 내용과 같은 것을 고르십시오.

① 나는 아랫집 사람이 온 줄을 모르고 있었다.
② 평소에도 시끄럽게 해서 문제가 있었다.
③ 우리 집은 시끄러워서 아랫집 사람이 자주 올라온다.
④ 아랫집 사람은 시끄러운 소리가 들리자마자 올라왔다.

※ 다음 신문 기사의 제목을 가장 잘 설명한 것을 고르십시오.

12.

멤버십 카드, 쿠폰 챙기기, 남성 알뜰족 부쩍 늘어

① 멤버십 카드나 쿠폰을 사용하지 않는 사람들이 많아졌다.
② 멤버십과 쿠폰을 가지고 다니는 대신에 지갑을 들고 다니지 않는다.
③ 멤버십 카드나 쿠폰을 사용하지 않으면서 알뜰하게 사는 사람들이 많아졌다.
④ 멤버십 카드와 쿠폰을 이용해서 합리적인 소비를 하는 남성들이 늘어나고 있다.

※ 다음을 읽고 (　　)에 들어갈 내용으로 가장 알맞은 것을 고르십시오.

13.

자고 일어나면 물가는 (　　) 월급은 제자리여서 들어오는 돈보다 나가는 돈이 많다. 최근에는 한 가족에 한 사람씩 휴대 전화를 가지고 있기 때문에 전화 요금도 많이 나간다. 그래서 되도록 필요한 곳에만 돈을 쓰고 허리띠를 졸라매는 것이 좋다. 가계부를 쓰면 돈을 필요한 곳에 사용했는지 안 했는지 알 수 있고 이것을 보고 다음 달에 쓸 돈을 계획할 수 있다.

① 같은데
② 깊은데
③ 오르는데
④ 낮아지는데

※ 다음을 읽고 내용이 같은 것을 고르십시오.

14.

전자 제품을 사면 보통 품질 보증서가 함께 들어 있다. 에어컨, 선풍기, 보일러와 같은 계절상품의 품질 보증 기간은 2년이고 텔레비전, 냉장고, 세탁기 등 기타 전자 제품의 품질 보증 기간은 1년이다. 품질 보증 기간 내에는 무상으로 수리를 받을 수 있다. 그러나 품질 보증 기간 내에 사용자의 실수로 고장이 난 경우 무상으로 수리를 받을 수 없다. 품질 보증서에 구입한 날짜를 기록하지 않으면 언제 샀는지 잊어버릴 수 있으므로 제품을 산 날짜를 기록하는 것이 좋다.

① 일 년 내내 사용하는 전자 제품의 품질 보증 기간은 이 년이다.
② 전자 제품이 고장이 나면 품질 보증 기간 내에 공짜로 수리가 가능하다.
③ 계절 전자 제품의 품질 보증 기간은 기타 전자 제품 보증 기간보다 짧다.
④ 품질 보증서에 구입한 날짜를 기록하지 않아도 무료로 수리를 받을 수 있다.

※ 다음 글의 주제로 가장 알맞은 것을 고르십시오.

15.

> 나는 결혼해서 처음에는 가계부를 안 썼지만 생활비가 부족해서 가계부를 쓰게 되었다. 가계부를 썼더니 우리 가족이 어디에 돈을 많이 쓰는지 알게 되었다. 우리 가족은 외식비를 가장 많이 쓰고 있었다. 그래서 요즘은 외식보다 집에서 요리를 해서 먹는다. 아이 책도 사지 않고 도서관에서 빌리고 꼭 필요한 책은 인터넷 중고 서점에서 샀다. 그렇게 노력을 하니까 적금을 새로 들 수 있었다. 생활비를 아끼기 위해 가계부를 쓰는 것은 좋은 일 같다.

① 아이에게 쓰는 돈을 최대한 줄이는 것이 좋다.
② 아이에게 물건을 사 주는 것보다 빌려서 쓰는 것이 좋다.
③ 가계부를 쓰면 불필요하게 사용하는 돈을 안 쓸 수 있다.
④ 생활비를 절약하기 위해서는 집에서 요리를 할 필요가 있다.

※ 다음 글에서 〈보기〉의 글이 들어가기에 가장 알맞은 곳을 고르십시오.

16.

> 오늘 점심에 시부모님이 오셔서 집에서 칼국수를 만들어 먹고 시부모님께서 사 오신 복숭아를 맛있게 먹었다. 그런데 갑자기 영빈이의 얼굴이 빨갛게 변하고 점심으로 먹은 칼국수와 복숭아를 모두 토했다. (㉠) 어머님께서 서둘러서 영빈이에게 옷을 입히시고 빨리 병원에 가자고 하셨다. (㉡) 병원에 가는 동안 영빈이의 몸이 점점 뜨거워지면서 열이 났다. 병원에 도착해서 의사 선생님께 진찰을 받았다. (㉢) 의사 선생님께서 보시고 음식 알레르기라고 하셨다. 점심에 먹인 음식들을 들으신 후 복숭아 때문일 수 있다고 하셨다. (㉣)

〈보 기〉

> 우리는 영빈이를 차에 태워서 근처에 있는 병원에 갔다.

① ㉠　② ㉡　③ ㉢　④ ㉣

※ [17~18] 다음을 읽고 물음에 답하십시오.

요즘 친구가 걱정이 있는지 표정이 별로 안 좋아서 커피숍에서 이야기를 했다. 내 친구는 한국 국적을 취득한 지 이제 막 1년이 되었다. 한국 생활이 힘든 것은 아니지만 고향이 너무 그립고 고향에 혼자 계신 어머니가 너무 걱정되어서 고향에 돌아가고 싶다고 했다. 나도 몇 년 전까지 친구와 같은 생각을 많이 했기 때문에 지금 친구가 어떤 기분으로 이야기하는지 잘 알았다. 그래서 친구에게 고향 친구를 만나서 수다를 떨거나 고향에 계신 어머니께 자주 전화하라고 했다. 또 고향 영화를 보거나 텔레비전 프로그램을 보라고 추천해 줬다. 고향에 며칠 동안 갔다 오는 것이 제일 좋기는 하지만 향수병에 걸릴 때마다 고향에 갔다 올 수도 없을뿐더러 한국에서 계속 살아야 하기 때문에 향수병을 없애는 방법도 알아야 하기 때문이다. 친구는 나와 이야기를 해서 기분이 많이 나아졌다고 했다. 그리고 내가 얘기한 것들을 열심히 해 보겠다고 했다.

17. 밑줄 친 부분에 나타난 '나'의 심정으로 알맞은 것을 고르십시오.

① 억울하다 ② 우울하다 ③ 걱정스럽다 ④ 당황스럽다

18. 윗글의 내용과 같은 것을 고르십시오.

① 친구는 향수병을 치료하지 못해서 고향으로 돌아갈 것이다.
② 친구는 한국 생활도 힘들고 고향의 어머니 걱정을 계속하고 있다.
③ 친구는 여러 가지 방법으로 향수병을 없애기 위한 노력을 할 것이다.
④ 친구는 한국 국적을 취득한 지 이 년이 되어서 한국 생활에 적응을 잘하고 있다.

※ [19~20] 다음 글을 읽고 물음에 답하십시오.

요즘 날씨가 좋아서 공원에서 아이와 함께 산책을 하거나 자신이 기르는 개와 산책을 하는 사람들이 많다. 개를 산책시킬 때 개 목줄을 하는 것이 중요한데 개가 답답할까 봐 목줄을 풀어 주고 산책을 하는 사람들이 있다. 공원에 유치원 아이들이나 아기들이 많이 오는데 (   ). 공원에서 산책을 할 때마다 개 목줄을 풀어 놓은 사람들이 여러 명 보인다. 관리인이 목줄을 하라고 하면 잠깐 하다가 다시 푸는 모습까지도 봤다. 큰 사고가 발생하기 전에 미리 예방하는 것이 좋으니까 공원 관리 사무소에서는 이 문제를 깊게 생각할 필요가 있다.

19. 윗글의 주제로 알맞은 것을 고르십시오.

① 날씨가 좋을 때 산책을 해야 건강에 좋다.
② 다른 사람을 배려하여 개 목줄을 채워 산책을 시켜야 한다.
③ 사고를 예방하려면 공원 관리 사무소에 이야기를 해야 한다.
④ 아이들과 산책을 하는 대신에 개와 산책을 하는 사람들이 늘어야 한다.

20. (　　)에 들어갈 내용으로 가장 알맞은 것을 고르십시오.

① 개와 잘 지내는 모습을 많이 볼 수 있다.
② 개에게 물리는 사고가 발생할까 봐 걱정이 된다.
③ 개에게 물리고서 관리 사무소에 신고하는 사람들이 많다.
④ 날씨가 좋은 날에는 아이들보다 개와 산책 온 사람이 많다.

※ [21~22] 다음 글을 읽고 물음에 답하십시오.

우리 아버지는 어부이시기 때문에 배를 타고 바다에 나가서 생선을 잡아 오신다. 나와 남동생은 아버지께서 도와 달라고 하실 때마다 바다에 가서 고기잡이를 했다. (㉠) 우리가 물고기를 잡아 오면 어머니께서는 잡아 온 물고기들을 손질하셔서 바닷가 근처의 시장에서 파셨다. (㉡) 아버지와 어머니께서 힘들게 일하시는 것을 알기 때문에 저녁을 맛있게 먹었지만, 가끔은 매일 먹는 음식이 똑같아서 먹기가 싫을 때도 많았다. (㉢) 나이가 들고 보니 가끔 어머니께서 만들어 주셨던 생선 요리도 너무 먹고 싶고, 동생과 뛰어놀던 바닷가에도 가 보고 싶다. (㉣)

21. 윗글에서 〈보기〉의 글이 들어가기에 가장 알맞은 곳을 고르십시오.

〈보 기〉

그리고 팔고 남은 생선들로 맛있는 저녁 식사를 만들어 주셨다.

① ㉠　　② ㉡　　③ ㉢　　④ ㉣

22. 윗글의 내용과 같은 것을 고르십시오.

① 나와 남동생은 매일 아버지와 함께 고기잡이를 했다.
② 어머니가 생선을 손질하셨기 때문에 모두 파실 수밖에 없었다.
③ 생선 요리를 매일 먹는 바람에 더 이상 먹고 싶지 않을 때가 많았다.
④ 나이를 먹으면 먹을수록 어머니께서 해 주신 요리를 먹는 것이 너무 좋다.

※ [23~25] 다음 글을 읽고 물음에 답하십시오.

일상생활에서 우리는 '바쁘다'라는 말을 자주 쓰고 자주 듣는다. 인사를 할 때 상대에게 "요즘 바빠요?", "요즘 바쁘시지요?"라고 한다. 상대에게 갑자기 연락을 했을 때 "바쁘신데 죄송합니다."라고 말한다. 상대방과 약속을 정할 때 "○○씨, 주말에 바빠요?"와 같이 '바쁘다'라는 말을 쓴다. 또 자신이 바쁜 이유를 설명할 때도 "시험공부하느라고 시간이 없어요.", "일하느라고 바빠요."와 같이 말하기도 한다. 특히 상대의 부탁을 거절할 때는 '-느라고'를 써서 왜 바쁜지 상대에게 사정을 말한다. 바쁜 것은 (　　) 것이기 때문에 좋은 일이다. 하지만 우리는 '바쁘다'라는 말을 습관처럼 사용하는 것 같다. 사람들이 생각하는 '바쁘다'의 의미는 모두 같은 것일까? 우리는 '바쁘다'라는 말을 얼마나 자주, 어떤 뜻으로 사용하고 있을까?

23. 윗글을 쓴 목적으로 알맞은 것을 고르십시오.

① '바쁘다'를 어떤 의미로 사용하는지 생각해 보기 위해
② 한국어 단어에는 다양한 뜻이 있다는 것을 알리기 위해
③ '바쁘다'를 사용하는 한국어 표현을 다양하게 보여 주기 위해
④ 한국 사람들이 언제 '바쁘다'를 사용하는지 가르쳐 주기 위해

24. (　　)에 들어갈 내용으로 가장 알맞은 것을 고르십시오.

① 슬픈　② 힘든　③ 약속이 있는　④ 할 일이 있는

25. 밑줄 친 부분에 나타난 필자의 태도로 알맞은 것을 고르십시오.

① 듣는 사람을 배려할 필요성을 제시하고 있다.
② 다양한 단어를 사용해야 함을 강조하고 있다.
③ 아무런 생각 없이 단어를 쓰는 것을 걱정하고 있다.
④ 상대방에게 이유를 말할 때만 사용하기를 제안하고 있다.

1과 취직하기 위해서 한국어를 배우고 있어요.

어휘

1

1) 눈이 크고 코가 높아요.
2) 쌍꺼풀이 없고 입이 커요.
3) 쌍꺼풀이 있고 광대뼈가 나왔어요.
4) 보조개가 있어요.
5) 입이 크고 코가 낮아요.
6) 점이 있어요.

2

1) 키가 커요
2) 뚱뚱해요
3) 통통해요
4) 체격이 좋아요
5) 말랐어요
6) 날씬해요

3

잘생겼어요
예뻐요, 예쁘게 생겼어요
멋있어요, 멋있게 생겼어요
귀여워요, 귀엽게 생겼어요

4

(예시) 마르고 키가 작은 여자아이입니다. 이 아이는 단발머리이고 웃을 때 보조개가 있습니다. 쌍꺼풀이 없는 눈에 코가 높지 않습니다.
(예시) 통통한 남자아이입니다. 안경을 끼고 머리가 짧습니다. 얼굴이 둥글고 입이 큽니다.

문법 ❶

연습 1

1) 가: 왜 그렇게 사진을 열심히 찍어요?
   나: 고향 부모님께 보내 드리기 위해서 열심히 찍어요.
2) 가: 독감 예방 주사 맞았어요?
   나: 아니요, 맞아야 해요?
   가: 독감에 안 걸리기 위해서 맞는 게 좋아요.
3) 가: 왜 한국어를 배워요?
   나: 회사 동료들하고 의사소통하기 위해서 한국어를 배워요.

연습 2

1) 아이 학교 공부를 도와주기 위해서 한국어를 열심히 공부하고 있어요.
2) 한국 회사에 취직하기 위해서 컴퓨터와 외국어를 배우고 있어요.
3) 가족 여행을 가기 위해서 기차표를 예매했어요.
4) 고향 부모님께 선물을 보내 드리기 위해서 김을 샀어요.
5) 제사 준비를 하기 위해서 시댁에 가야 해요.

문법 ❷

연습 1

형용사				동사	
-ㄴ 편이다		-은 편이다		-는 편이다	
싸다	싼 편이다	넓다	넓은 편이다	가다	가는 편이다
크다	큰 편이다	작다	작은 편이다	읽다	읽는 편이다
깨끗하다	깨끗한 편이다	좋다	좋은 편이다	듣다	듣는 편이다
*멀다	먼 편이다	*춥다	추운 편이다	*알다	아는 편이다

연습 2

1) 가: 한 달에 보통 책을 몇 권 읽어요?
   나: 3권쯤 읽어요. 좀 많이 읽는 편이에요.
2) 가: 집에서 학교까지 가까워요?
   나: 아니요, 먼 편이에요. 그래서 좀 불편해요.
3) 가: 이 사전을 왜 가지고 다니지 않아요?
   나: 이 사전이 무거운 편이에요. 그래서 잘 안 가지고 다녀요.

연습 3

1) 한국 생활이 편한 편입니다.
2) 고향 친구들을 만날 기회가 적은 편입니다.
3) 고향 음식 재료를 구하기가 쉽지 않은 편입니다(어려운 편입니다).
4) 고향 가족과 자주 연락을 하는 편입니다.

문법 ❸

연습 1

1) 가: 에디 씨, 여기는 어디예요?
   나: 어렸을 때 부모님과 자주 가던 공원이에요.
2) 가: 이 음식은 뭐예요?
   나: 이건 닭 요리예요. 제가 어렸을 때 가장 좋아하던 음식이에요.
3) 가: 여기가 에디 씨 미국 가족들이 사는 집이에요?
   나: 아니요, 전에 살던 집에서 찍은 거예요. 지금은 이사했어요.

연습 2

1) 고등학교 때 책임감이 강하던 철수는 지금 의사가 되었습니다.
2) 고등학교 때 책을 열심히 읽던 효진은 지금 선생님이 되었습니다.
3) 고등학교 때 잠을 자던 지수는 지금 경찰이 되었습니다.
4) 고등학교 때 친구랑 말싸움을 잘 하던 성훈은 지금 변호사가 되었습니다.

읽고 쓰기

1) ① ×
   ② ×
   ③ ○
2) ③ 좋아하는 것

2과 한국어를 아주 잘하던데요.

어휘

1

1) 따뜻하다 / 차갑다
2) 다정하다 / 무뚝뚝하다
3) 대범하다 / 소심하다
4) 원만하다 / 모나다
5) 적극적이다 / 소극적이다
6) 성격이 느리다(신중하다) / 성격이 급하다(경솔하다)
7) 예의가 바르다 / 예의가 없다(무례하다)
8) 낯을 안 가리다 / 낯을 가리다
9) 사교성이 있다 / 사교성이 없다

2

1) 남산은 낮에도 경치가 아름답지만 야경도 정말 멋있어요. 그래서 저는 종종 시내 야경을 보려고 남산서울타워에 가요.
2) 저는 지난주에 감기에 걸렸는데 아직 감기가 낫지 않았어요.
3) 이 식당 음식은 맛있는데 조금 짠 편이에요.
4) 여름에는 카페에서 팥빙수를 주문하는 사람이 많다. 차가운 얼음과 달콤한 팥을 함께 먹을 수 있어서 인기가 많다.
5) 내 친구는 나와 관심사가 비슷해서 함께 할 수 있는 것이 많다.
6) 수미 씨와 이야기하면 언제나 즐겁고 시간이 정말 빨리 간다. 나는 수미 씨와 말이 잘 통해서 정말 좋다.
7) 배려심이 깊은 사람은 자신만을 생각하지 않는다. 무엇을 하든지 상대의 입장과 마음까지 생각한다.
8) 슬픈 영화를 보면 눈물이 나요.

문법 ❶

연습 1

	-니까		-으니까
오다	오니까	먹다	먹으니까
일어나다	일어나니까	읽다	읽으니까
전화하다	전화하니까	*돕다	도우니까
*열다	여니까	*묻다	물으니까

연습 2

1) 집에 도착하니까 아무도 없었어요. 그래서 혼자 밥을 먹었어요.
2) 친구에게 전화하니까 안 받아요. 친구가 지금 바쁜 것 같아요.
3) 창밖을 보니까 시내 경치가 아름다워요. 야경도 예쁠 거예요.
4) 냉장고를 여니까 우유가 있어요. 그런데 주스는 없어요.
5) 그 사람을 만나 보니까 좋은 사람인 것 같아요. 저와 말도 잘 통해요.

문법 ❷

연습 1

1) 가: 한국 음식을 처음 먹었을 때 어땠어요?

나: 처음에는 고향 음식하고 달라서 입에 안 맞더라고요. 그런데 지금은 한국 음식에 익숙해졌어요.

2) 가: 결혼하기 전에 남편(아내)의 어떤 점이 좋았어요?
나: 상대방의 말을 잘 들어 주고 이해심이 깊더라고요. 그래서 믿음이 생겼어요.

3) 가: 밖에 비가 와요? 옷이 다 젖었네요.
나: 네, 학교에 오는데 갑자기 비가 오더라고요.

연습 2

1) 가: 그 사람과 이야기해 봤어요? 어땠어요?
나: 저하고 관심사가 비슷해서 정말 말이 잘 통하더라고요.

2) 가: 한국에 처음 왔을 때 어땠어요?
나: 처음에는 음식하고 날씨가 달라서 힘들더라고요.

3) 가: 지난번에 한국어 시험을 봤지요? 어땠어요?
나: 시험이 생각보다 어렵더라고요.

문법 ❸

연습 1

1) 가: 어제 날씨가 좋다가 갑자기 소나기가 내리던데요.
나: 저도 깜짝 놀랐어요. 비가 올 줄 모르고 우산을 안 가지고 나갔거든요.

2) 가: 그 사람과 한번 이야기해 봤는데 성격이 정말 좋던데요.
나: 저도 그렇게 생각해요. 그 사람은 누구하고도 잘 어울리는 성격이에요.

3) 가: 흐엉 씨가 한국어 말하기를 정말 잘하던데 어떻게 공부했을까요?
나: 수업에서 배운 것을 매일 복습하고 한국인과 말하기 연습을 많이 하더라고요.

4) 가: 회사 앞에 새로 생긴 식당에 손님이 많던데 가 봤어요?
나: 아니요, 아직 못 가 봤어요. 우리 같이 가 볼까요?

연습 2

1) 가: 어제 전화를 안 받던데 바빴어요?
나: 아, 미안해요. 중요한 회의 중이었어요.

2) 가: 시내에 사람이 정말 많던데 무슨 일이지요?
나: 오늘 시내에서 큰 행사가 있어요.

3) 가: 요즘 마트에서 세일을 많이 하고 있던데 한번 가 보세요.
나: 그래요? 좋은 정보 고마워요.

읽고 쓰기

1) ① ○
② ×
③ ×

2) 말이 없었어요. 흐엉 씨는 자기가 마음에 안 드는 줄 알았어요.

3과 자가 씨가 결혼한다고 해요.

어휘

1

1) 뉴스
2) 결혼식
3) 출산
4) 졸업식
5) 돌잔치
6) 집들이

2

1) 친구에게 결혼 소식을 전했어요.
2) 저는 텔레비전으로 야구 경기를 시청하면서 맥주 마시는 것을 좋아해요.
3) 모르는 것이 있으면 인터넷에서 검색해요.
4) 지역 신문을 보면 많은 정보를 얻을 수 있어요.
5) 저는 보통 운전하면서 라디오를 청취해요.

3

1) 가: 자가 씨, 언제 텔레비전에 나와요?
나: 내일 저녁 6시예요. '내 고향'이라는 프로그램이에요.

2) 가: 저는 대학교 졸업 후에 무역 회사에 취직하려고 해요.
나: 그래요? 전 대학원에 가서 계속 공부하고 싶어요.

3) 가: 음악 좀 틀어 주세요.
나: 무슨 음악을 듣고 싶어요?

4

1) 가: 자가 씨가 결혼한다고 해요.
   나: 정말요? 누구한테서 그 소식을 들었어요?
2) 가: 어디로 신혼여행을 가요?
   나: 바다를 좋아해서 제주도로 가기로 했어요.
3) 가: 이번 주 금요일 저녁에 우리 반 회식을 할 거예요. 자가 씨가 오늘 수업에 안 왔는데 자가 씨에게도 소식을 전해 주세요.
   나: 네, 이따가 연락할게요.
5) 가: 미진 씨가 오늘 파티에 누가 오냐고 했어요.
   나: 아마 오늘 나트 씨와 자가 씨가 올 거예요.
6) 가: 요즘 에디 씨를 만날 수 없어요. 아주 바쁜가 봐요.
   나: 한국어 공부 때문에 힘들다고 했어요.

문법 ❶

연습 1

	-다고 하다		
바쁘다	바쁘다고 하다	작다	작다고 하다
행복하다	행복하다고 하다	춥다	춥다고 하다
	-ㄴ다고 하다		-는다고 하다
오다	온다고 하다	먹다	먹는다고 하다
*살다	산다고 하다	듣다	듣는다고 하다
	-라고 하다		-이라고 하다
나트	나트라고 하다	선생님	선생님이라고 하다
의사	의사라고 하다	학생	학생이라고 하다
	-냐고 하다		-으냐고 하다
크다	크냐고 하다	많다	많으냐고 하다
*길다	기냐고 하다	적다	적으냐고 하다
	-냐고 하다		
오다	오냐고 하다		
*살다	사냐고 하다		

연습 2

1) 가: 나레카 씨가 무슨 말을 했어요?
   나: 서울에 같이 가고 싶은데 언제 시간 있냐고 했어요.
2) 가: 이 음식은 뭐예요?
   나: 비빔밥이라고 해요. 밥과 여러 가지 채소, 고기를 고추장에 비벼 먹는 음식이에요.
3) 가: 아까 나레카 씨가 뭐라고 했어요?
   나: 눈이 아파서 수업 후에 병원에 간다고 했어요.
4) 가: 석훈 씨와 통화했는데 회사 일이 많아서 바쁘다고 했어요.
   나: 그래요? 그럼 석훈 씨는 다음에 만납시다.

문법 ❷

연습 1

-자고 하다			
보다	보자고 하다	읽다	읽자고 하다
시키다	시키자고 하다	만들다	만들자고 하다
공부하다	공부하자고 하다	걷다	걷자고 하다
	-라고 하다		-으라고 하다
배우다	배우라고 하다	읽다	읽으라고 하다
들어오다	들어오라고 하다	*돕다	도우라고 하다
*만들다	만들라고 하다	*듣다	들으라고 하다

연습 2

1) 가: 오늘은 빨리 퇴근하네요.
   나: 친구가 맛집을 아는데 같이 저녁 식사하자고 했어요.
2) 가: 요즘 술도 안 마시고 운동을 열심히 하시네요.
   나: 의사 선생님이 술을 줄이고 운동을 꼭 하라고 했어요.
3) 가: 요코가 서울역 2번 출구에서 만나자고 했어.
   나: 그래? 빨리 가자.
4) 가: 숙제는 언제까지 내야 돼요?
   나: 선생님께서 이번 주 금요일까지 내라고 하셨어요.

문법 ❸

연습 1

	-아 놓다		-어 놓다
사다	사 놓다	치우다	치워 놓다
찾다	찾아 놓다	넣다	넣어 놓다
*고르다	골라 놓다	열다	열어 놓다
	해 놓다		
예매하다	예매해 놓다		
세탁하다	세탁해 놓다		
보관하다	보관해 놓다		

연습 2

1) 가: 오늘 무슨 요리할 거예요? 재료는 다 샀어요?
나: 네, 아침에 미리 재료를 준비해 놓았어요.

2) 가: 오늘 생일 파티 할 식당을 예약했어요?
나: 네, 제 이름으로 예약해 놓았어요.

3) 가: 김치 담그는 방법을 잊어버렸어요.
나: 어제 수진 씨가 알려 줘서 제가 써 놓았어요.

연습 3

1) 가: 날씨가 더워서 창문을 열어 놓았는데 괜찮으세요?
나: 네, 괜찮습니다.

2) 가: 아까 연락했는데 왜 연락을 못 받았어요?
나: 미안해요. 수업 중이라 전화를 꺼 놓았어요.

3) 가: 이번 토요일에 같이 영화 볼래요? 제가 표를 예매해 놓을게요.
나: 좋아요. 같이 가요.

연습 1

	-아 두다		-어 두다
사다	사 두다	시키다	시켜 두다
놓다	놓아 두다	적다	적어 두다
*모으다	모아 두다	읽다	읽어 두다
	해 두다		
준비하다	준비해 두다		
예약하다	예약해 두다		
저축하다	저축해 두다		

연습 2

1) 가: 버스에 타기 전에 음식을 먹어 두세요. 3시간쯤 걸릴 거예요.
나: 네, 먹고 왔어요.

2) 가: 짐을 어디에 둘까요?
나: 저기에 있는 사물함에 보관해 두세요.

3) 가: 발표 준비 다 했어요?
나: 네, 내용을 다 외워 두었어요.

4) 가: 회의 전에 필요한 자료를 미리 찾아 두었어요?
나: 네, 모두 준비했습니다.

5) 가: 토니 씨가 집을 샀다고 해요.
나: 결혼 전에 저축해 둔 돈으로 집을 샀대요.

읽고 쓰기

1) ② 아이가 없어지는 한국
2) ③ 여성의 직장 생활 증가
④ 어린이집, 유치원의 부족

4과 다음 달에 결혼하기로 했어요.

어휘

1

사귀다/연애하다 → 청혼하다 → 상견례(를)하다 → 약혼하다 → 예식장을 예약하다 → 청첩장을 돌리다 → 결혼하다 → 신혼여행을 가다 → 집들이하다

2

신랑 ↔ 신부
친정 ↔ 시댁
약혼 ↔ 파혼
분가하다 ↔ 모시고 살다
사이가 좋다 ↔ 사이가 나쁘다

3

1) 부부 – 남편과 아내
2) 예물 – 결혼할 때 신랑과 신부가 주고받는 물건
3) 주례 – 결혼식을 진행하고 신랑, 신부에게 축복의 말을 하는 사람
4) 폐백 – 결혼식 때 신부가 시부모님과 시댁 어른들에게 절하는 일

문법 ❶

연습 1

1) 10일 금요일에는 가족 대청소를 하기로 했어요.
2) 11일 토요일에는 우리 집에서 집들이를 하기로 했어요.
3) 15일 광복절에는 가족 여행을 가기로 했어요.
4) 27일 월요일에는 오래간만에 우리 고향을 방문하기로 했어요.

연습 2

1) 가: 어린이날에 뭐 할 거예요?
나: 아이들하고 놀이공원에 가기로 했어요.

2) 가: 다이어트하기로 했다면서요?

나: 네, 두 달 안에 5킬로그램을 빼기로 했어요.

3) 가: 새해 결심이 뭐예요?
   나: 올해는 담배를 꼭 끊기로 했어요.

연습 3

1) 가: (저희 집에서) 집들이를 하기로 했는데 가족과 함께 오시겠어요?
   나: 네, 그럼요. 집들이에 몇 시까지 가면 돼요?
2) 가: 치킨 먹기로 했는데 같이 드실래요?
   나: 미안해요. 저도 치킨 먹고 싶은데 약속이 있어요.

문법 ❷

연습 1

1) 꾸준히 운동하다(가) 보면 건강해질 거예요.
2) 자주 요리하다(가) 보면 음식이 맛있어질 거예요.
3) 뉴스를 계속 보다(가) 보면 한국어가 쉬워질 거예요.
4) 자주 운전하다(가) 보면 익숙해질 거예요.

연습 2

1) 가: 한국어 듣기가 아직 어려운 것 같아요.
   나: 꾸준히 듣다(가) 보면 좋아질 거예요.
2) 가: 오랜만에 등산하니까 힘드네요.
   나: 자주 올라가다(가) 보면 좀 더 쉬워질 거예요.
3) 가: 다문화가족지원센터가 어디에 있어요?
   나: 이 길로 5분 정도 가다(가) 보면 오른쪽에 센터가 보일 거예요.

문법 ❸

연습 1

1) 고향에 돌아가더라도 선생님을 잊지 마세요.
2) 무슨 일이 있더라도 올해는 시험에 합격할 거예요.
3) 비싸더라도 질이 좋으면 살 거예요.
4) 한국말을 잘 못하더라도 이해해 주세요.

연습 2

1) 가: 바빠서 아침밥을 못 먹어요.
   나: 바쁘더라도 아침밥은 꼭 드세요.
2) 가: 시간이 없어서 부모님께 자주 전화를 못 드려요.
   나: 시간이 없더라도 부모님께 자주 전화드리세요.
3) 가: 주말에 비가 온다고 하는데 어떡해요?
   나: 주말에 비가 오더라도 여행을 갈 거예요.

읽고 쓰기

1) ① 한국의 결혼 문화에 대해서 설명하는 글이다.
2) ④ 한국에서는 상견례를 하고 나서 결혼식 날짜를 정한다.

5과 임신 축하해요!

어휘

1

1) 얼마 전에 결혼한 우리 언니가 임신을 했다.
2) 임신한 언니는 내년 여름에 출산 예정이다.
3) 임신을 했을 때는 좋은 음악을 들으면서 태교를 하는 것이 좋다고 한다.
4) 옛날에는 산모들이 출산 후에 집에서 미역국을 먹으면서 산후조리를 많이 했는데 요즘에는 그것을 전문적으로 하는 곳이 많이 생겼다.
5) 지하철을 타면 몸이 무거운 임산부를 위한 자리가 있다.
6) 어제 꿈에 커다란 복숭아가 나왔다. 친구에게 그 이야기를 했더니 태몽이라고 했다.
7) 건강한 아이를 낳고 싶어서 배 속 아기의 태명을 '튼튼이'라고 지었다.
8) 아내가 임신을 하니까 입덧 때문에 음식을 통 못 먹는다.

2

1) 가: 미영 씨의 배를 보니까 아이를 가진 것 같아요.
   나: 정말요? 몇 개월이 되었을까요?
2) 가: 누나가 어제 아이를 낳았어요. 그래서 병원에 가요.
   나: 와, 정말요? 축하해요.
3) 가: 준호 씨, 요즘 무슨 좋은 일 있어요? 기분이 좋아 보여요.
   나: 얼마 전에 누나의 아이가 태어났어요.
   가: 그래요? 축하해요.

3

배냇저고리 / 기저귀 / 턱받이 /
손/발싸개 / 딸랑이 / 모빌 /
분유 / 젖병 / 욕조 /

아기 띠 / 보행기 / 유모차

문법 ❶

연습 1

1) 운동을 하자마자 샤워를 해요.
2) 아침에 일어나자마자 물을 마셔요.
3) 전화를 받자마자 밖으로 나갔어요.

연습 2

2) 가: 시험이 끝나면 뭐 하고 싶어요?
   나: 시험이 끝나자마자 여행을 가고 싶어요.
3) 가: 어제 여러 번 전화했는데…….
   나: 미안해요. 제가 어제 너무 피곤해서 침대에 눕자마자 잠이 들었어요.
4) 가: 두 분은 어떻게 사귀게 되셨어요?
   나: 처음 만나자마자 서로 호감을 느꼈어요.

문법 ❷

연습 1

2) 다음 주에 제주도에 갈 거예요. 회사가 휴가거든요.
3) 남편이 배가 많이 나왔어요. 인스턴트 음식을 좋아하거든요.
4) 재래시장에 가는 것을 좋아해요. 백화점보다 싸고 싱싱하거든요.

연습 2

2) 가: 다음 주 약속을 못 지킬 것 같아요. 고향에서 부모님이 오시거든요. 너무 미안해요.
   나: 괜찮아요. 오랜만에 부모님이 오시는데요.
3) 가: 꽃 예쁘네요. 무슨 일로 꽃을 샀어요?
   나: 오늘 친한 친구의 생일 파티가 있거든요.
4) 가: 한국어능력시험(TOPIK) 합격을 진심으로 축하해요.
   나: 고마워요. 그런데 좀 부끄럽네요. 우리 반에 저보다 더 잘하는 사람이 많거든요.

문법 ❸

연습 1

-아야겠어요		-어야겠어요		해야겠어요	
가다	가야겠어요	읽다	읽어야겠어요	요리하다	요리해야겠어요
앉다	앉아야겠어요	쉬다	쉬어야겠어요	공부하다	공부해야겠어요
오다	와야겠어요	마시다	마셔야겠어요	숙제하다	숙제해야겠어요
보다	봐야겠어요	배우다	배워야겠어요	청소하다	청소해야겠어요
*돕다	도와야겠어요	*듣다	들어야겠어요	빨래하다	빨래해야겠어요

연습 2

2) 부모님이 보고 싶어요. 오늘 부모님께 전화를 드려야겠어요.
3) 요즘 입을 옷이 없어요. 백화점에 가서 옷을 좀 사야겠어요.
4) 가: 내일 우리 아이가 소풍을 가요.
   나: 그래요? 그럼 도시락으로 김밥을 싸야겠어요.
5) 가: 다음 주에 한국어 시험이 있어요.
   나: 그래요? 오늘부터 열심히 공부해야겠어요.

읽고 쓰기

1) 아이를 가진 임산부나 그 주변 사람들이 출산 전에 꾸는 꿈
2) ④ 성별
3) ② 추측
4) ① ×
   ② ×
   ③ ×

6과 어린이집이 좀 가까웠으면 좋겠어요.

어휘

1

삼일절 / 식목일 / 근로자의 날 / 어린이날 / 어버이날 / 스승의 날 / 현충일 / 제헌절 / 광복절 / 국군의 날 / 개천절 / 한글날

2

차례를 지내다 / 떡국을 먹다 / 세배를 하다 / 세뱃돈을 주다/받다 / 송편을 먹다 / 성묘를 가다

3

널뛰기를 하다 / 연을 날리다 / 제기차기를 하다 / 윷놀이를 하다

문법 ❶

연습 1

1) 가: 과일 가격이 너무 비싸네요.
나: 이제 추석이라서 그래요. 과일 가격이 좀 쌌으면 좋겠어요.

2) 가: 요즘 날씨가 너무 추워요
나: 맞아요. 날씨가 좀 빨리 따뜻해졌으면 좋겠어요.

3) 가: 회사가 멀어서 출퇴근이 힘들겠어요.
나: 네, 좀 가까운 동네로 이사 갔으면 좋겠어요.

4) 가: 미라 씨 아이가 병원에 입원했대요.
나: 정말요? 빨리 나았으면 좋겠어요.

연습 2

(예시)

1) 살을 5kg 뺐으면 좋겠어요.
2) 올해는 우리 가족이 모두 건강했으면 좋겠어요.
3) 부모님이 한국에 왔으면 좋겠어요.

문법 ❷

연습 1

2) 새것을 사면 비쌀 텐데 중고를 알아보세요.
3) 조금 후에 애들 학교가 끝날 텐데 빨리 집에 갑시다.
4) 주말에 혼자 있으면 심심할 텐데 우리 집에 놀러 올래요?

연습 2

1) 가: 어제 늦게 자서 많이 피곤할 텐데 일찍 집에 가서 쉬세요.
나: 네, 오늘은 일찍 가려고요.

2) 가: 외국인한테는 좀 음식이 매울 텐데 먹을 수 있겠어요?
나: 네, 저는 매운 음식을 잘 먹는 편이에요.

3) 가: 오늘은 회사 앞으로 제가 갈게요. 몇 시까지 갈까요?
나: 오늘은 야근이라서 늦게 끝날 텐데 기다릴 수 있겠어요?

4) 가: 점심시간이 지나서 배가 고플 텐데 빨리 드세요.
나: 네, 고맙습니다.

문법 ❸

연습 1

1) 새로 생긴 식당이 음식이 맛있어서 손님이 많아요. 메뉴도 다양하고요.
2) 저 가수가 노래를 잘 불러서 모든 사람들에게 인기가 많아요. 목소리도 좋고요.
3) 콜라 한 병 주세요. 공깃밥도 하나 주시고요.
4) 밖에 비가 많이 와요. 외출하려면 우산을 들고 가세요. 우비도 입고요.

연습 2

1) 가: 저녁에 늦을 것 같아요. 우리 아이 저녁 좀 먹여 주세요. 숙제도 봐 주고요.
나: 알았어요. 걱정 말고 천천히 와요.

2) 가: 그럼 우리 다문화가족지원센터 앞에 있는 커피숍에서 만날까요?
나: 음, 거긴 좀 시끄러울 텐데요. 직원도 친절하지 않고요.

3) 가: 회사 생활이 어때요?
나: 아주 재미있어요. 회사 동료들도 좋고요.

4) 가: 어디가 아파서 오셨어요?
나: 목이 아파서 왔어요. 기침도 많이 하고요.

5) 가: 이 영화 봤어요? 여기에 나오는 남자 배우가 진짜 멋있던데요.
나: 그렇죠. 정말 잘생겼어요. 연기도 잘하고요.

읽고 쓰기

1) 일출을 보러 갔습니다.
2) 에이미: 우리 가족 소원이 모두 이루어지는 것입니다.
남편: 온 가족이 건강하고, 매일 즐거운 일만 있었으면 좋겠습니다.
3) ⑤ – ④ – ③ – ② – ① – ⑥

7과 이 집은 남향인 데다가 교통도 편리해요.

어휘

1

1) 한 달에 한 번 내는 월세가 너무 비싸서 전세로 이사하고 싶어요.
2) 우리 나라는 마당이 있는 주택이 많은데 한국은 고층 아파트가 많아요.
3) 집을 구하려면 스마트폰 앱으로 구하거나 부동산에 가 보세요.
4) 학교 안에 있는 기숙사에 살면 교통비가 안 들어서 편한 것 같아요.
5) 전세는 우리 나라에는 없어요. 다른 집으로 이사할 때 집주인에게 보증금을 전부 돌려받을 수 있는 게 신기해요.

문법 ①

연습 1

1) 가: 오늘 왜 집에 일찍 가요?
   나: 너무 피곤해 가지고 집에 일찍 가서 쉬어야겠어요.
2) 가: 왜 에어컨을 켰어요?
   나: 날씨가 너무 더워 가지고 못 참겠어요.
3) 가: 오늘 파티에 왜 못 가요?
   나: 미안해요. 저도 가고 싶은데 오늘 아들이 아파 가지고 파티에 못 가요.
4) 가: 선생님에게 왜 연락을 안 했어요?
   나: 선생님 전화번호를 몰라 가지고 연락을 못 했어요.

연습 2

1) 가: 왜 가방을 안 사요?
   나: 마음에 드는데 너무 비싸 가지고 못 사겠어요.
2) 가: 여행은 어땠어요?
   나: 재미있었어요. 그런데 날씨가 더워 가지고 좀 힘들었어요.
3) 가: 무슨 일 있어요? 왜 이렇게 안색이 안 좋아요?
   나: 우리 아기가 밤에 잠을 안 자 가지고 피곤해 죽겠어요.

문법 ②

연습 1

1) 가: 내일 시험인데 너무 떨리고 긴장돼요.
   나: 걱정하지 마세요. 지금까지 열심히 한 만큼 좋은 결과가 있을 거예요.
2) 가: 이렇게 오래 살아도 한국 사람이 하는 말을 못 알아들을 때 너무 속상해요.
   나: 맞아요. 저도 그럴 때가 있어요. 한국 사람이 말하는 만큼 유창하게 할 수 있으면 좋겠어요.
3) 가: 요즘 아내가 육아 때문에 많이 힘든가 봐요. 저한테 짜증을 낼 때도 있어요.
   나: 그럴 때는 아내를 더 많이 도와주세요. 석훈 씨가 아내를 도와주는 만큼 아내의 짜증도 줄 거예요.
4) 가: 미영 씨는 언제가 가장 행복해요?
   나: 당연히 월급날이죠. 한 달 동안 열심히 일한 만큼 돈으로 받는 날이잖아요.

연습 2

1) 이 식당은 음식이 비싼 만큼 맛있어요.
2) 이 집은 교통이 편리한 만큼 집값이 비싸요.
3) 육아는 힘든 만큼 보람이 있어요.

문법 ③

연습 1

1) 우리 남편은 키가 큰 데다가 잘생겼어요.
2) 아미르 씨는 한국어를 잘하는 데다가 영어도 잘해요.
3) 이 식당은 음식이 맛있는 데다가 주인도 친절해요.

연습 2

1) 가: 흐엉 씨는 어떤 사람이에요?
   나: 흐엉 씨는 공부도 잘하는 데다가 성격도 좋아요.
2) 가: 방이 마음에 들어요?
   나: 아니요, 제 방은 어두운 데다가 좁아요.
3) 가: 오늘 서울 날씨는 어때요?
   나: 오늘은 바람이 많이 부는 데다가 비도 많이 와요.

읽고 쓰기

1) 돌아다니면서 동물을 키우는 사람들이 주로 이용합니다.
2) ② 게르는 몽골의 시골에서 많이 볼 수 있다.

8과 화장실 타일이 많이 깨져 있어요.

어휘

1

전구	타일
세면대	샤워기
변기	욕조
벽지	배수구
싱크대	수도꼭지
	개수대

3

고장이 나다 / A/S를 신청하다 / 수리하다/고치다 / 고장에 대해 문의하다 /
출장 서비스를 받다 / 수리비를 내다 / 무상으로 서비스를 받다

문법 ❶

연습 1

이/가 (+에게) + 피동사			이/가 + 피동사		
-이-	보다	보이다	-이-	놓다	놓이다
	치다	치이다		쌓다	쌓이다
-히-	잡다	잡히다	-히-	닫다	닫히다
	먹다	먹히다		막다	막히다
-리-	팔다	팔리다	-리-	열다	열리다
	물다	물리다		흔들다	흔들리다
	깔다	깔리다		걸다	걸리다
				*듣다	들리다
-기-	안다	안기다	-기-	끊다	끊기다
	뺏다	뺏기다		찢다	찢기다
	쫓다	쫓기다			

연습 2

1) 범인이 경찰에게 쫓기고 있어요.
   경찰이 범인을 쫓고 있어요.
2) 너무 추워서 문을 닫았어요.
   바람 때문에 문이 저절로 닫혔어요.
3) 광고 전화라서 전화를 그냥 끊었어요.
   부모님이랑 전화하고 있는데 전화가 갑자기 끊겼어요.
4) 휴대폰의 글자가 너무 작아서 잘 안 보여요.
   수업 시간에 왜 휴대폰을 봐요?
5) 그 식당 음식은 인기가 많아서 금방 다 팔려요.
   그 가게는 과일을 싸게 팔아요.
6) 감기에 걸려서 코가 막혔어요.
   경찰들이 길을 막고 음주 단속을 하고 있어요.

문법 ❷

연습 1

1) 휴대폰이 떨어져서 액정이 깨졌어요.
2) 제가 실수로 그릇을 떨어뜨려서 깼어요.
3) 제가 바닥에 국물을 쏟았어요. 조심하세요.
4) 아이 때문에 우유가 바닥에 쏟아졌어요.
5) 컴퓨터가 고장 났어요. 자꾸 저절로 꺼져요.
6) 외출할 때는 잊지 말고 에어컨을 끄세요.
7) 아이 장난감이 부서졌어요.
8) 전화가 끊어졌어요.
9) 아이가 제 한국어 공책을 찢었어요.
10) 프린터에 종이가 걸려서 종이가 찢어졌어요.
11) 제 꿈이 웹 디자이너였는데 그 꿈이 이루어졌어요.
12) 세종 대왕이 한글을 만들었어요.
13) 아이가 벽에 그림을 그렸는데 지워지지 않아요.
14) 아이가 자니까 텔레비전을 켜지 마세요.
15) 세탁기가 고장 났나 봐요. 켜지지 않아요.

문법 ❸

연습 1

	장 보러 가기 전	장 보고 돌아온 후
컴퓨터	꺼져 있었어요.	켜져 있어요.
텔레비전	켜져 있었어요.	꺼져 있어요.
물병	테이블에 놓여 있었어요.	깨져 있어요.
물컵	테이블에 놓여 있었어요.	바닥에 떨어져 있어요.
물	물병과 물컵에 들어 있었어요.	바닥에 쏟아져 있어요.
서랍	닫혀 있었어요.	열려 있어요.
가족사진	벽에 걸려 있었어요.	바닥에 떨어져 있어요.
수첩	테이블에 놓여 있었어요.	바닥에 찢어져 있어요.
블라인드	올려져 있었어요.	내려져 있어요.

읽고 쓰기

2. 보였어요 / 열렸어요 / 켜졌어요 / 닫혔어요 / 흔들리기 / 떨어졌어요
3. ⑤ - ⑧ - ① - ② - ⑦ - ④ - ③ - ⑥

보충 · 복습(1~8과) 정답

듣기

1. ③	2. ②	3. ①	4. ④	5. ③
6. ②	7. ④	8. ①	9. ①	10. ④
11. ④	12. ④	13. ①	14. ③	15. ④
16. ②	17. ③	18. ①	19. ③	20. ①
21. ④	22. ②	23. ④	24. ③	25. ④

읽기

1. ③	2. ④	3. ②	4. ③	5. ③
6. ①	7. ④	8. ①	9. ②	10. ②
11. ③	12. ②	13. ②	14. ③	15. ②
16. ③	17. ④	18. ②	19. ②	20. ①
21. ③	22. ③	23. ④	24. ④	25. ②

9과 요리를 하느라고 소리를 못 들었어요.

어휘

1

1) 가: 아까부터 시끄러운 소리가 들리네요.
   나: 잠시 공사 중입니다. 불편을 드려서 죄송합니다.
2) 가: 갑자기 약속을 못 지키게 돼서 미안한 마음입니다.
   나: 아니에요. 어쩔 수 없지요.
3) 가: 제가 오늘 몸이 너무 안 좋아서 회의 참석이 어려울 것 같습니다. 죄송하지만 양해를 부탁드립니다.
   나: 네, 알겠습니다.
4) 가: 청중 여러분, 잠시 양해의 말씀을 드립니다. 세미나를 예정보다 10분 정도 늦게 시작하려고 합니다. 자리에서 잠시만 기다려 주시면 감사하겠습니다.
5) 가: 한국에서는 어른들께 물건을 드릴 때 양손을 써요. 한 손으로 드리면 안 돼요.
   나: 아, 그래요? 제가 잘 몰랐습니다. 다음부터는 조심하겠습니다.

2

1) 우리 집은 연말에 꼭 대청소를 한다. 그리고 깨끗한 집에서 기분 좋게 새해를 맞는다.
2) 아이를 키우는 일은 생각보다 쉽지 않다. 하지만 아이가 쑥쑥 크는 모습을 보면서 큰 보람을 느낀다.
3) 오늘은 너무 바빠서 하루가 어떻게 지나갔는지 모르겠다.
4) 씨름은 한국의 전통적인 운동 경기이다. 씨름 선수는 힘도 좋아야 하지만 기술도 필요하다.
5) 우리 아파트는 윗집과 아랫집이 서로 얼굴도 알고 친하게 지낸다.
6) 나는 평일보다 주말이 좋다. 주말에는 푹 쉴 수 있기 때문이다.
7) 우리 회사는 외국에 있는 회사 직원들과 자주 화상 회의를 한다. 이것 덕분에 직접 만나지 않아도 얼굴을 보면서 회의를 할 수 있어서 편리하다.
8) 노래를 잘하는 사람의 노랫소리는 정말 듣기 좋다. 그런데 시험공부를 해야 할 때 들리는 노랫소리는 소음이 되기도 한다.
9) 나는 시간이 나면 한강에서 뛰는 것을 좋아한다. 그렇게 하고 나면 땀도 나고 기분도 좋아지기 때문이다.
10) 우는 아이에게 사탕을 주니까 울음을 뚝 그쳤다.

문법 ❶

연습 1

1) 가: 요즘 바빠요?
   나: 네, 결혼을 준비하느라고 좀 바빠요.
2) 가: 주말에 아이하고 시간을 많이 보내요?
   나: 아니요, 제가 주말에도 일하느라고 아이하고 같이 시간을 잘 보내지 못해요.
3) 가: 어제 모임에 왜 안 나왔어요?
   나: 정말 미안해요. 다음 주가 시험이라서 공부하느라고 시간이 없었어요.

연습 2

1) 샤워를 하느라고 전화벨 소리를 못 들었어요.
2) 늦잠을 자느라고 알람 소리를 못 들었어요.
3) 밤늦게까지 회식을 하느라고 아침에 회사에 지각했어요.

문법 ❷

연습 1

1) 한국인치고 김치를 안 먹는 사람은 없어요.
2) 부모치고 자식을 사랑하지 않는 부모는 없어요.
3) 요리를 좋아하는 사람치고 먹는 것을 안 좋아하는 사람은 없어요.
4) 아이들치고 가만히 있는 아이는 없어요.

연습 2

1) 가: 한국어가 너무 어려워요.
   나: 걱정하지 마세요. 한국어를 공부하는 외국인치고 한국어가 쉽다고 하는 사람은 별로 없어요.
2) 가: 동물을 좋아하는 사람들은 다 착한 것 같아요.
   나: 맞아요. 동물을 좋아하는 사람치고 나쁜 사람은 없다고 생각해요.
3) 가: 성실한 사람은 규칙적인 생활 습관을 가지고 있는 것 같아요.
   나: 맞아요. 성실한 사람치고 규칙적인 생활 습관을 가지지 않은 사람은 없는 것 같아요.

문법 ❸

연습 1

1) 감기에 걸렸어요. 그런데 심하지 않아서 약을 먹는 대신에 푹 쉴 거예요.
2) 고향에 있는 가족에게 전화를 하는 대신에 이메일을 보낼 거예요.
3) 저는 시간이 없어서 극장에 못 가요. 극장에서 영화를 보는 대신에 집에서 인터넷으로 볼 거예요.

연습 2

1) 평일에 열심히 일하는 대신에 주말에는 푹 쉴 수 있어서 좋아요.
2) 택시는 버스보다 요금이 비싼 대신에 더 편리해요.
3) 이 식당은 손님이 많아서 기다려야 하는 대신에 음식이 아주 맛있어요.
4) 오늘은 바빠서 요리를 하는 대신에 외식을 할 거예요.

읽고 쓰기

1) ③ 약속을 취소해야 할 때
2) ④ 상황을 알려 준다
3) ① ×
   ② ○

10과 한 달에 한 번씩 적금을 넣고 있어요.

어휘

1

1) 10일 전에 동생에게 용돈을 줬지만 벌써 다 썼어요. 그래서 동생에게 돈 좀 아끼라고 했어요.
2) 저는 아직 학생이라서 돈을 많이 벌지 못해요.
3) 월급날이 되기도 전에 돈이 다 떨어져서 곤란해요.
4) 물건을 사고 32,000원을 내야 하는데 지갑에 30,000원밖에 없었어요. 2,000원이 모자라요.
5) 내년에 가족과 해외여행을 가고 싶어요. 지금부터 조금씩 돈을 모아야 해요.
6) 백화점이 세일을 해서 싸게 옷을 샀어요. 돈이 많이 남았어요.

2

1) 저는 외식을 많이 해요. 그래서 밥값이 많이 들어요.
2) 이 동네는 좋은 학교가 많아서 집값이 너무 비싸요.
3) 요즘 기름값이 너무 많이 올라서 운전하기가 부담스러워요.

3

1) 2년 사이에 전세금이 많이 올랐어요. 다시 이사 가야 할 것 같아요.
2) 모두 23,000원입니다. 카드로 하시겠습니까, 현금으로 하시겠습니까?
3) 저는 돈이 생기면 일단 은행에 가서 예금을 해요.
4) 자전거 이용 요금은 3,000원입니다.
5) 더 넓은 집으로 이사 가고 싶으면 지금부터 한 달에 얼마씩 적금을 넣으세요. 그럼 큰돈을 모을 수 있어요.

4

1) 내년에 아이가 대학에 가요. 대학에 가면 학비가 많이 들 것 같아요.
2) 요즘 휴대 전화가 없는 사람이 없죠? 그래서 그런지 집집마다 통신비가 많이 드는 것 같아요.
3) 얼마 후에 집을 계약하는데 부동산에 주는 중개 수수료도 적은 돈이 아니라서 걱정이에요.
4) 우리 아들은 학생인데 내년에 해외여행을 가려고 지금 열심히 일을 하고 있어요. 여행 경비를 모으기 위

해서예요.

5) 겨울이 되고 날씨가 추워지면 집집마다 난방비 때문에 걱정이에요.
6) 얼마 전에 우리 집 텔레비전이 고장 났어요. 그래서 수리비가 많이 들었어요.
7) 요즘 중학생, 고등학생은 학원을 몇 개나 다녀요. 학원비가 많이 들겠어요.
8) 지난번에 아는 분이 자전거를 타다가 교통사고가 났어요. 병원비가 많이 나왔대요.

문법 ❶

연습 1

1) 가: 홈 쇼핑에서 고기를 샀는데 너무 많아요. 어떡하죠?
   나: 그러면 저랑 고기를 반씩 나눌래요?
2) 가: 사과는 언제 먹으면 좋아요?
   나: 사과는 아침에 하나씩 먹으면 좋아요.
3) 가: 언제 고향이 생각나요?
   나: 바쁠 때는 모르는데 한가하면 가끔씩 고향 생각이 나요.
4) 가: 밤에 잠이 잘 안 와요.
   나: 매일 밤 자기 전에 따뜻한 우유를 한 잔씩 마셔 보세요.

연습 2

1) 가: 사탕이 한 봉지에 몇 개 들어 있어요?
   나: 세 개씩 들어 있어요.
2) 가: 이 라면 맛있어요?
   나: 네, 그런데 많이 매우니까 조금씩 드세요.
3) 가: 한국어 수업은 일주일에 몇 번 있어요?
   나: 일주일에 세 번씩 있어요.

문법 ❷

연습 1

1) 저는 매주 수요일마다 운동을 합니다.
2) 이 버스는 1시부터 9시까지 다닙니다. 한 시간마다 버스가 옵니다.
3) 석훈 씨는 12시간마다 약을 먹어야 합니다.
4) 나라마다 옷이 다릅니다.

연습 2

1) 건강해지려고 아침마다 운동을 해요.
2) 명동은 주말이 되면 가게마다 사람이 많아요.
3) 부산에 가는 기차는 30분마다 출발해요.

문법 ❸

연습 1

1) 가: 부모님 선물로 홍삼을 살 거예요?
   나: 아니요. 홍삼을 안 좋아하실까 봐 다른 선물도 생각하고 있어요.
2) 가: 내일 발표 준비 다 했어요?
   나: 네, 그런데 너무 떨려서 실수할까 봐 걱정이에요.
3) 가: 왜 옷 가게에 다시 가요?
   나: 아이 옷이 좀 작을까 봐 큰 사이즈로 바꾸려고요.
4) 가: 시험공부 많이 했어요?
   나: 네, 조금 하기는 했는데 시험이 어려울까 봐 걱정이에요.

연습 2

1) 가: 비가 올까 봐 걱정이에요.
   나: 비가 올까 봐 우산을 준비했어요.
2) 가: 숙소 가격이 비쌀까 봐 걱정이에요.
   나: 숙소 가격이 비쌀까 봐 할인 쿠폰을 찾아봤어요.
3) 가: 차가 막힐까 봐 걱정이에요.
   나: 차가 막힐까 봐 아침 일찍 출발하려고요.
4) 가: 음식이 맛없을까 봐 걱정이에요.
   나: 음식이 맛없을까 봐 맛있는 식당을 미리 알아봤어요.
5) 가: 사람이 너무 많을까 봐 걱정이에요.
   나: 사람이 너무 많을까 봐 미리 예약을 했어요.
6) 가: 감기에 걸릴까 봐 걱정이에요.
   나: 감기에 걸릴까 봐 두꺼운 옷을 가져 왔어요.

읽고 쓰기

1) 식비, 통신비
2) 외식 줄이기, 걷거나 자전거 이용하기
3) ③ 똑같다
4) ② 두 마리의 토끼를 잡다

11과 대형 마트에 갔더니 동네 마트보다 비싼 물건도 많더라고요.

어휘

1

1) 공과금
2) 외식비
3) 교통비
4) 용돈
5) 경조사비
6) 교육비

2

우유 팩 재활용
할인 쿠폰
중고품 가게
장바구니 사용

3

1) 돈을 쓴 다음에 가계부를 꼭 쓰세요. 이렇게 하면 돈을 아껴서 쓸 수 있어요.
2) 이번 달에 전기 요금이 많이 나왔어요. 지난달에 날씨가 더워서 에어컨을 많이 사용했거든요.
3) 다음 주 금요일 저녁에 우리 반 회식이 있어요. 회비는 2만 원이에요.
4) 아이에게 매주 오천 원씩 용돈을 주니까 돈을 한꺼번에 많이 쓰지 않더라고요.
5) 이번 달 아파트 관리비 고지서가 나왔는데 30일까지 내야 돼요.

4

1) 가: 목돈을 마련하려고 적금을 들었어요.
   나: 저도 이번 달 월급을 받으면 적금을 들려고 해요.
2) 가: 어떻게 하면 생활비를 절약할 수 있을까요?
   나: 가계부를 써 보세요. 그리고 계획에 없는 물건은 사지 마세요.
3) 가: 요리를 못해서 밖에서 많이 사 먹는데 외식비를 줄이고 싶어요.
   나: 그럼, 제가 요리를 가르쳐 줄게요. 집에서 해 보세요.
4) 가: 결혼하니까 결혼식, 돌잔치, 장례식 등 돈 쓸 일이 많아요.
   나: 맞아요. 특히 경조사가 겹치면 그달은 생활하기 힘들어요.

문법 ❶

연습 1

-았더니		-었더니		했더니	
나가다	나갔더니	신다	신었더니	공부하다	공부했더니
오다	왔더니	외우다	외웠더니	운동하다	운동했더니
*모으다	모았더니	*듣다	들었더니	절약하다	절약했더니

연습 2

1) 가: 어디 아파요?
   나: 네, 점심 때 과식했더니 배가 아프네요.
2) 가: 어떻게 시험을 잘 봤어요?
   나: 매일 조금씩 공부했더니 결과가 좋네요.
3) 가: 감기에 걸렸어요?
   나: 네, 너무 더워서 에어컨을 켜고 잤더니 감기에 걸렸어요.

연습 3

1) 가: 노래를 정말 잘하네요.
   나: 매일 노래를 듣고 따라 했더니 잘하게 됐어요.
2) 가: 요리를 정말 잘하시네요.
   나: 요리 학원을 다녔더니 요리 실력이 늘었어요.
3) 가: 한국어 발음이 좋네요.
   나: 드라마를 보면서 따라 했더니 발음이 좋아졌어요.
4) 가: 아이가 키가 크네요.
   나: 농구를 시켰더니 키가 많이 컸어요.

문법 ❷

연습 1

-는 게 좋다			
만나다	만나는 게 좋다	찾다	찾는 게 좋다
쓰다	쓰는 게 좋다	걷다	걷는 게 좋다
절약하다	절약하는 게 좋다	*만들다	만드는 게 좋다

연습 2

1) 가: 밤에 잠이 안 와요.
   나: 그럴 땐 따뜻한 우유를 한 잔 마시고 자는 게 좋아요.
2) 가: 감기에 안 걸리려면 독감 예방 주사를 맞는 게 좋아요.
   나: 오늘 당장 맞아야겠어요.
3) 가: 목이 너무 아파요.
   나: 그럴 땐 배에 꿀을 넣어 끓인 배즙을 마시는 게 좋아요.

연습 3

1) 가: 고기를 많이 먹어서 체했어요.
   나: 그럴 땐 파인애플이나 키위를 먹는 게 좋아요.
2) 가: 플라스틱 음식 통에서 냄새가 나요.
   나: 그럴 땐 통에 식초를 넣고 하루 정도 두는 게 좋아요.
3) 가: 난방비가 많이 나와요.
   나: 그럴 땐 보일러를 일정 온도로 켜 두는 게 좋아요.

문법 3

연습 1

1) 버스를 놓치는 바람에 약속 시간에 늦었어요.
2) 눈이 많이 오는 바람에 길이 막혔어요.
3) 컴퓨터가 고장 나는 바람에 숙제를 못 했어요.

연습 2

1) 가: 갑자기 채솟값이 오르는 바람에 올해는 김치를 못 담그겠어요.
   나: 저도요. 김칫값도 비싸서 마트에서 사 먹지도 못하겠더라고요.
2) 가: 오늘 왜 지각했어요?
   나: 죄송합니다. 버스가 늦게 오는 바람에 빨리 올 수가 없었습니다.
3) 가: 피곤해 보여요. 요즘 힘든 일이 있어요?
   나: 갑자기 일이 많아지는 바람에 며칠 밤을 새워서 그래요.
4) 가: 한 달 용돈을 벌써 다 썼어요?
   나: 백화점에 갔는데 전부터 가지고 싶던 물건을 싸게 파는 바람에 안 살 수가 없었어요.
5) 가: 저기 무슨 일 있어요? 사람이 많이 있네요.
   나: 운전기사가 운전하다가 조는 바람에 사고가 났대요.

읽고 쓰기

1) ③ 운동, 장난감 빌리기
2) ④ 이 사람은 책이 필요하면 인터넷 중고 서점에서 사는 편이다.

12과 절전 기능은 있나요?

어휘

1

1) 전자레인지
2) 전기밥솥
3) 공기 청정기
4) 김치냉장고
5) 선풍기
6) 전기난로(난방기)
7) 에어컨
8) 세탁기
9) 냉장고

2

1) 누르다
2) 켜다
3) 꽂다
4) 충전하다
5) 뽑다
6) 끄다

3

1) 영화관에서는 휴대 전화 전원을 꺼 주세요.
2) 휴대 전화 충전기가 없어서 충전을 못 하고 있어요.
3) 가전제품을 사면 처음에 사용 설명서를 읽어 보세요.
4) 손에 물이 있을 때 콘센트에 플러그를 꽂으면 안 돼요.
5) 전기밥솥은 취사 버튼만 누르면 밥이 되니까 편리해요.

6) 외출할 때 콘센트에서 플러그를 뽑으면 에너지를 아낄 수 있어요.

문법 ❶

연습 1

-ㄹ 만하다		-을 만하다	
가다	갈 만하다	먹다	먹을 만하다
보다	볼 만하다	읽다	읽을 만하다
사다	살 만하다	*듣다	들을 만하다
*만들다	만들 만하다	*돕다	도울 만하다

연습 2

1) 가: 한국 생활이 어때요?
   나: 친구도 많고 익숙해져서 살 만해요.
2) 가: 아이하고 여행을 갈까 하는데 어디가 좋을까요?
   나: 경주가 좋을 것 같아요. 역사에 대해서 배울 수 있으니까 가 볼 만해요.
3) 가: 남산서울타워 구경 잘 했어요?
   나: 네, 야경이 정말 아름다워서 구경할 만해요. 한번 가 보세요.
4) 가: 이번 일을 누가 하면 좋을까요?
   나: 아미르 씨가 하면 어떨까요? 정말 믿을 만한 사람이거든요. 지난번 일도 저랑 같이 했는데 정말 추천할 만해요.

문법 ❷

연습 1

-ㄴ가요?		-은가요?		-나요?	
싸다	싼가요?	많다	많은가요?	가다	가나요?
비싸다	비싼가요?	작다	작은가요?	있다	있나요?
크다	큰가요?	짧다	짧은가요?	듣다	듣나요?
*멀다	먼가요?	*덥다	더운가요?	*만들다	만드나요?

연습 2

1) 가: 실례지만 미국 사람이신가요?
   나: 아니요, 캐나다 사람이에요.
2) 가: 저, 말씀 좀 물어볼게요. 이쪽으로 쭉 가면 지하철역이 나오나요?
   나: 네, 한 50미터 가시면 돼요.
3) 가: 여기에서 버스 정류장까지 얼마나 걸리나요?
   나: 그렇게 멀지 않아요. 금방이에요.

연습 3

1) 가: 실례지만 화장실이 어디에 있나요?
   나: 오른쪽으로 가세요.
2) 가: 현금이 없는데 카드도 되나요?
   나: 네, 카드 돼요.
3) 가: 여기에서 남대문 시장까지 버스로 얼마나 걸리나요?
   나: 30분쯤 걸려요.

문법 ❸

연습 1

-ㄹ 뿐만 아니라		-을 뿐만 아니라	
가다	갈 뿐만 아니라	먹다	먹을 뿐만 아니라
보다	볼 뿐만 아니라	읽다	읽을 뿐만 아니라
구경하다	구경할 뿐만 아니라	*듣다	들을 뿐만 아니라
*만들다	만들 뿐만 아니라	*돕다	도울 뿐만 아니라

연습 2

1) 한국의 지하철은 깨끗할 뿐만 아니라 편리해요.
2) 이 전기밥솥은 절전 기능이 있을 뿐만 아니라 디자인도 멋져요.
3) 그 커피숍은 무료로 와이파이를 사용할 수 있을 뿐만 아니라 조용해요.
4) 그 마트는 주말뿐만 아니라 평일에도 복잡해요.
5) 고향에 가면 부모님뿐만 아니라 친구들도 만나고 싶어요.

읽고 쓰기

1) ② 세탁기
2) ④ 이 가전제품은 소음이 적을 뿐만 아니라 빨래도 깨끗하게 된다.

13과 우유를 먹여서 재우세요.

어휘

1

깨우다 / 앉히다 / 먹이다 / 씻기다
태우다 / 닦이다 / 눕히다 / 재우다

2

기저귀를 채우고 있어요.
옷을 입히고 있어요.
신발을 신기고 있어요.
모자를 씌우고 있어요.

3

녹이다
끓이다
얼리다
데우다
식히다
먹이다

저는 보통 아기가 잘 때 이유식을 만들어 놓아요. 먼저 냉동실에 준비해 놓은 소고기를 1)녹여요. 그리고 쌀을 믹서에 갈아요. 그다음에 작은 냄비에 물을 넣고, 녹인 소고기와 간 쌀을 30분 정도 2)끓여요. 이렇게 이유식을 만든 후에 한 번에 먹을 수 있는 만큼 냉동 용기에 넣어서 냉동실에 3)얼려요. 그리고 필요할 때마다 전자레인지에 넣어서 4)데워요. 너무 뜨거우면 조금 5)식혀요. 그리고 아기에게 6)먹여요.

문법 ❶

연습 1

가: 흐엉 씨, 그 소식 들었어요? 유치원에서 생일 파티를 한대요.
나: 생일 파티요? 진짜요? 나는 못 들었는데.
가: 지난주에 선생님께서 말씀하셨는데 못 들었어요?
나: 아니요, 못 들었어요. 언제요?
가: 지난주 수요일요.
나: 그래요? 그런데 파티는 언제래요?
가: 다음 주 월요일이래요
나: 그래요? 뭘 준비해야 돼요?
가: 과일이랑 케이크요.

연습 2

1) 가: 어떡하죠? 저희 아이 반 유치원 선생님이 그만두신대요.
나: 네? 정말요?
가: 몸이 안 좋아지셔서 쉬셔야 한대요.
나: 그래요? 언제부터요?
가: 당장 다음 주부터 못 나오신대요.

2) 가: 저 먼저 가 봐야겠어요. 오늘 오후에 소파가 오기로 했거든요.
나: 소파요?
가: 집에 있는 소파가 낡아서요. 지난주에 남편이랑 같이 가서 샀어요.
나: 어디에서요?
가: 집 앞에 있는 가구점에서 샀어요. 지금 세일을 하고 있으니까 한번 가 보세요.

3) 가: 나트 씨, 이번 휴가를 어디로 가요?
나: 고향에요. 부모님을 뵈러 가요. 친구들과 가족들도 보고 싶어서요.
가: 정말요? 며칠 동안요?
나: 일주일 정도 다녀오려고요.

문법 ❷

연습 1

-이-		-히-		-리-	
먹다	먹이다	입다	입히다	울다	울리다
보다	보이다	앉다	앉히다	살다	살리다
녹다	녹이다	읽다	읽히다	알다	알리다
죽다	죽이다	식다	식히다		
끓다	끓이다	눕다	눕히다		

-기-		-우-		-추-	
웃다	웃기다	비다	비우다	늦다	늦추다
숨다	숨기다	깨다	깨우다		
벗다	벗기다	*타다	태우다		
남다	남기다	*쓰다	씌우다		
감다	감기다	*서다	세우다		
		*자다	재우다		

연습 2

1) • 엄마가 아이에게 새로 산 옷을 입혔어요.
   • 아이가 새 옷을 입었어요.
2) • 출퇴근 시간이라 길이 많이 막히니까 저는 지하철을 타야겠어요.
   • 저는 운전할 때 아기를 항상 카 시트에 태웁니다.
3) • 매일 저녁 아기는 애들 아빠가 씻겨 줘요.
   • 과일은 항상 깨끗하게 씻어서 먹어야 해요.
4) • 물이 끓는데 빨리 가스 불을 꺼야죠.
   • 지금 커피 마시려고 물을 끓이는데 같이 드실래요?
5) • 내일 아침에 회사에 좀 일찍 가야 하는데 아침에 좀 깨워 줄래요?
   • 아침에 창밖에서 시끄러운 소리가 나서 일찍 깼어요.

문법 ❸

연습 1

1) 오늘은 야근을 할 수도 있어요. 먼저 저녁 먹어요.
2) 네 살 아이한테는 이 옷이 클 수도 있어요.
3) 일요일이라서 도서관이 열지 않을 수도 있어요.
4) 그건 새 책이라 할인을 안 할 수도 있어요.
5) 정말 이 영화를 보려고요? 무서울 수도 있어요. 괜찮겠어요?

연습 2

1) 가: 주말이라서 영화표가 빨리 매진될 수도 있으니까 컴퓨터로 미리 예매하는 것이 어때요?
   나: 그래요. 그게 좋겠어요.
2) 가: 버스를 탈까요? 지하철을 탈까요?
   나: 출퇴근 시간이라서 길이 막힐 수도 있으니까 지하철을 타지요.
3) 가: 피자 배달시켜 먹을까요?
   나: 오늘 휴일이라서 문을 닫았을 수도 있어요.
   가: 아, 전화해 볼게요.
4) 가: 이 음료수 산 지 한 달 됐는데 마셔도 될까요?
   나: 먹고 나서 배가 아플 수도 있으니까 마시지 마세요.
5) 가: 방금 끓여서 뜨거울 수도 있어요. 식혀서 드세요.
   나: 네, 알겠어요.

읽고 쓰기

2

1) ③ 기침을 했다.
2) ③ 알레르기가 있어서
3) ① ㅇ
   ② ㅇ
   ③ ×

3

(예시)
아침에 아이를 깨웠다.
아이에게 밥을 먹였다.
아이에게 옷을 입혔다.
아이를 유모차에 태웠다.
아이가 어린이집에 안 가려고 했지만 보냈다.
어린이집 선생님한테 전화가 왔다.
아이를 병원에 데리고 갔다.
아이에게 감기약을 먹였다.
아이를 재운 후에 미안한 생각이 들었다.

14과 수리하는 데 시간이 얼마나 걸려요?

어휘

1

1) 휴대 전화가 고장 났어요.
2) 아미르 씨가 수리를 맡겼어요.
3) 150,000원이에요.
4) 하루 걸려요.
5) 휴대 전화를 땅에 떨어뜨려서 액정이 깨졌어요. 화면이 안 보여요.

문법 ❶

연습 1

1) 가: 이 식당 음식이 입에 맞아요?
   나: 네, 이 식당 음식은 먹으면 먹을수록 맛있어요.
2) 가: 에디 씨는 어떤 사람이에요?
   나: 만나면 만날수록 좋은 사람이에요.
3) 가: 이 일을 언제까지 끝내야 돼요?
   나: 빠르면 빠를수록 좋아요.

연습 2

1) 가: 옷이 좀 작네요.
   나: 처음에는 안 작았는데 빨면 빨수록 옷이 작아지네요.
2) 가: 노트북이 마음에 드세요?
   나: 네, 이 노트북은 사용하면 사용할수록 마음에 들어요.
3) 가: 아이스크림 몇 개 사올까요?
   나: 많으면 많을수록 좋아요.

문법 ❷

연습 1

1) 가: 어디예요? 아직 회사 안 끝났어요?
   나: 오늘 좀 늦을 것 같아. 일이 많은데 시간이 되는 사람이 나밖에 없어. 내가 남아서 일을 할 수밖에 없어.
2) 가: 석훈 씨, 분홍색 옷을 입은 것은 처음인 것 같은데요.
   나: 네, 파란색을 사려고 했는데 다 팔려서 이 색깔을 살 수밖에 없었어요.
3) 가: 태한이가 언제부터 어린이집에 다녔어요?
   나: 지난주부터요. 제가 다시 일을 시작했거든요. 그래서 아이를 어린이집에 맡길 수밖에 없었어요.

연습 2

1) 부모님이 두 분 다 크세요.
   그래서 아이의 키가 클 수밖에 없어요.
2) 5시 영화표는 이미 매진됐어요.
   그래서 7시 영화를 볼 수밖에 없어요.
3) 추석에는 사람들이 고향에 내려가요.
   그래서 길이 복잡할 수밖에 없어요.

문법 ❸

연습 1

1) → 냉장고를 수리하는 데 3시간이 걸려요.
2) → 비행기표를 사는 데 60만 원이 들어요.
3) → 생일 파티를 준비하는 데 20만 원이 들었어요.
4) → 어젯밤에 숙제를 하는 데 1시간이 걸렸어요.

연습 2

1) 가: 야구하는 데 몇 사람이 필요해요?
   나: 9명이 필요해요.
2) 가: 치마를 수선하는 데 수선비가 얼마나 들어요?
   나: 수선비는 2만 원이에요.
3) 가: 요리하는 데 얼마나 걸려요?
   나: 30분쯤 걸려.

읽고 쓰기

1) 택배로 수리가 가능한지, 수리하는 데 시간은 얼마나 걸리는지, 수리비는 얼마인지
2) ② 이 사람은 밥솥을 마트에서 샀다.

15과 조용하기는커녕 시끄러워서 잠도 못 자겠어요.

어휘

1

1) 아파트 관리 사무소
2) 고객 센터
3) 주민 센터 민원실
4) 한국소비자보호원
5) 주차 관리실

2

1) 불법으로 주차한 차들 때문에 지나다니기 힘들어요.
2) 120 다산콜센터에 신고했어요.
3) 핸드폰으로 사진을 찍어서 문자로 신고했어요.

문법 ❶

연습 1

1) 가: 병원에서는 위험하니까 뛰지 마십시오.
   나: 네, 죄송합니다.
2) 가: 저기요, 돈을 찾으려면 어떻게 해야 해요?
   나: 여기에 카드를 넣으십시오.
3) 가: 얼마나 더 기다려야 해요?
   나: 죄송합니다. 5분만 더 기다려 주십시오.
4) 가: 오늘 이사를 가지요? 건강하게 잘 지내요.
   나: 감사합니다, 선생님. 안녕히 계십시오.

연습 2

1) 차례대로 줄을 서십시오.
2) 동전을 넣고 버튼을 누르십시오.
3) 식후 30분에 드십시오.

문법 ❷

연습 1

1) 가: 요즘도 산에 자주 가요?
   나: 자주 가기는커녕 시간이 없어서 한 달에 한 번도 못 가고 있어요.
2) 가: 주말이라서 축제에 사람이 많았지요?
   나: 아니에요. 많기는커녕 평일보다도 적었어요.
3) 가: 호주는 지금 날씨가 춥지요?
   나: 아니요, 춥기는커녕 반팔 티셔츠를 입고 다닐 정도예요.
4) 가: 아침 많이 먹었어요?
   나: 아침을 먹기는커녕 시간이 없어서 물도 한 잔 못 마셨어요.

연습 2

1) 가: 시험공부 많이 했어요?
   나: 아니요, 시험공부는커녕 아직 숙제도 다 못 했어요.
2) 가: 민수 씨, 피자를 만들 줄 알아요?
   나: 아니요, 피자는커녕 쿠키도 만들 줄 몰라요.
3) 가: 점심 먹었어요?
   나: 시간이 없어서 점심은커녕 아침도 못 먹었어요.

문법 ❸

연습 1

1) 도서관에서는 떠들지 말아야지요.
2) 수업 시간에는 선생님 말씀을 잘 들어야지요.
3) 식사하기 전에는 손을 씻어야지요.

연습 2

1) 가: 감기에 걸려서 열이 많이 나요.
   나: 아프면 빨리 병원부터 가야지요.
2) 가: 오늘 너무 바빠서 한 끼도 못 먹었어요.
   나: 바빠도 밥은 꼭 챙겨 먹어야지요.
3) 가: 저는 나중에 가수가 될 거예요.
   나: 가수가 되려면 노래 연습부터 열심히 해야지요.

읽고 쓰기

1) 개 목줄을 안 하고 산책하는 사람들 때문에 안전이 걱정돼서 민원을 제기했습니다.
2) ① ○
   ② ×
   ③ ○

16과 향수병인가 봐요.

어휘

1

1) 어젯밤 꿈에 제 고향 집 주변의 풍경이 보였어요. 제가 다니던 학교, 제가 버스를 기다리던 버스 정류장의 모습이 정말 똑같더라고요.
2) 저는 한국에 살고 있는 외국인입니다. 한국은 저에게 타향이지만 또한 저에게는 제2의 고향입니다.
3) 제 고향은 유럽이에요. 그래서 처음에는 시차 때문에 정말 고생을 많이 했어요. 낮과 밤이 바뀌어서 정말 힘들더라고요.
4) 저는 외국인이고 제 남편은 한국 사람입니다. 우리는 국제결혼을 했어요. 그래서 저는 지금 우리 나라가 아니라 타국에서 살고 있습니다.

2

1) 처음 한국에 왔을 때는 새로운 곳에 간다는 생각에 설레기도 하고 또 모든 것이 새로웠기 때문에 낯설었어요. 음식도 다르고 말도 다르고 사람들의 모습도 다르고요. 그런데 이렇게 몇 년 살다 보니까 이제는 많이 적응도 되고 익숙해졌어요.
2) 얼마 전에 오랜만에 고향에 갔다 왔어요. 고향의 공항에 딱 내리니까 낯익은 풍경이 눈에 들어오더라고요. 정말 기뻤어요.
3) 저는 한국에 산 지 5년 정도 됐어요. 그런데 얼마 전부터 이유 없이 기분도 안 좋고 짜증이 늘었어요. 아마 저는 요즘 향수병에 시달리는 것 같아요. 고향에 한번 다녀와야겠어요.
4) 저는 한국에서 사는 것에 만족하고 있어요. 그런데 한 가지 마음에 걸리는 것이 있어요. 부모님과 멀리 떨어져 살고 있으니까 부모님 건강이 항상 걱정이에요.

문법 ①

연습 1

1) 가: 부장님은 출근하셨어요?
 나: 자리에 계시는지 확인해 볼게요.

2) 가: 여기 과일이 싸네요. 이걸로 삽시다.
 나: 잠깐만요, 먼저 과일 상태가 괜찮은지 확인해 보고 사요.

3) 가: 이경 씨는 어디에 갔어요?
 나: 급한 일이 있는지 지갑도 안 가지고 나가던데요.

연습 2

1) 가: 저 영화 봤어요? 며칠 전에 개봉했더라고요.
 나: 네, 봤어요. 그런데 어찌나 지루한지 보다가 잠이 들었어요.

2) 가: 어제 집에 잘 들어갔어요?
 나: 네, 잘 들어갔어요. 그런데 저녁을 조금밖에 안 먹어서 그런지 집에 가자마자 어찌나 배가 고픈지 라면을 또 끓여 먹었어요.

3) 가: 어제 환전했지요? 요즘 환율이 어때요?
 나: 말도 마세요. 환율이 어찌나 올랐는지 환전을 해도 얼마 되지 않아요.

문법 ②

연습 1

1) 가: 저 슈퍼마켓에서 오늘 할인 행사를 하나 봐요.
 나: 오늘은 저 슈퍼마켓에서 장을 봐야겠어요.

2) 가: 에디 씨, 안색이 안 좋네요. 많이 피곤한가 봐요.
 나: 어제 일이 많아서 밤을 새웠더니 피곤하네요.

연습 2

1) 가: 오늘 자가 씨 기분이 별로 안 좋은가 봐요.
 나: 아니, 왜요?
 가: 묻는 말에도 대답하지 않고, 하루 종일 식사도 안 해요.

2) 가: 차가 너무 막히네요.
 나: 그러게 말이에요. 출퇴근 시간도 아닌데….
 가: 이 시간에 이렇게 차가 막히는 것을 보니까 사고가 났나 봐요.

3) 가: 학교 앞 샌드위치 가게가 일주일 전부터 문을 열지 않아요.
 나: 장사가 안돼서 문을 닫았나 봐요.

문법 ③

연습 1

1) 가: 잠이 안 올 때 어떻게 해요?
 나: 저는 따뜻한 우유를 마시곤 해요.

2) 가: 한국어를 어떻게 연습해야 할지 모르겠어요.
 나: 저는 시간이 있을 때마다 한국 드라마를 보면서 따라 하곤 해요.

3) 가: 가족들이 너무 보고 싶어요.
 나: 저는 가족들이 그리울 때마다 영상 통화를 하곤 해요.

4) 가: 한국에서 아르바이트를 해 봤어요?
 나: 네, 시간이 있을 때마다 근처 가게에서 아르바이트를 하곤 했어요.

연습 2

1) 어렸을 때는 방학마다 동생과 할머니 댁에 가곤 했어요. 지금도 그때가 가끔씩 그리워요.
2) 필리핀에 있을 때 자주 친구들과 강에 가서 수영을 하곤 했어요.
3) 스트레스가 쌓일 때마다 근처 공원을 산책하곤 해요. 그러면 기분이 한결 나아져요.
4) 저는 고향에 있는 가족들이 보고 싶을 때마다 친구들과 고향 음식을 만들어 먹곤 해요.

읽고 쓰기

1) ④ 이 사람과 남동생은 매일 아버지와 함께 바다에 고기를 잡으러 갔다.
2) ① ○
 ② ○
 ③ ×

보충 · 복습(9~16과) 정답

듣기

1. ③	2. ③	3. ②	4. ④	5. ③
6. ④	7. ②	8. ③	9. ①	10. ①
11. ②	12. ①	13. ③	14. ②	15. ③
16. ③	17. ③	18. ①	19. ②	20. ④
21. ③	22. ②	23. ④	24. ④	25. ③

읽기

1. ③	2. ④	3. ③	4. ③	5. ③
6. ②	7. ③	8. ①	9. ②	10. ④
11. ①	12. ④	13. ③	14. ②	15. ③
16. ②	17. ③	18. ③	19. ②	20. ②
21. ②	22. ③	23. ①	24. ④	25. ③

보충 · 복습(1~8과) 듣기

※ [1~3] 다음을 듣고 알맞은 그림을 고르십시오.

1. 여자: 눈이 많이 왔네요.
   남자: 눈이 왔어요? 오전에는 눈이 안 오던데요.
   여자: 식당에서 점심 먹고 나오는데 눈이 쌓여 있었어요.

2. 남자: 나미 씨, 식당은 예약했어요?
   여자: 네, 어제 식당에 전화해서 3명 자리를 예약해 놓았어요.
   남자: 그럼 이제 출발하면 되겠네요. 자, 빨리 타세요.

3. 남자: 20~30대 미혼 남녀를 대상으로 하고 싶은 결혼식에 대한 생각을 조사한 결과, "작은 결혼식"이라고 응답한 사람이 절반 이상인 60%로 나타났고 일반 결혼식이 35%로 그 뒤를 이었습니다. 또한 결혼식을 하지 않아도 된다고 생각하는 사람이 5%로 나타났습니다.

※ [4~5] 다음 대화를 잘 듣고 이어질 수 있는 말을 고르십시오.

4. 여자: 며칠 전부터 왠지 몸이 안 좋아요.
   남자: 그래요? 그럼 빨리 병원에 가 보세요.
   여자: ______________________________.

5. 남자: 희수 씨는 이번에 어디로 휴가 갈지 정했어요?
   여자: 아직요, 과장님은 이번 휴가 때 어디로 가세요?
   남자: ______________________________.

※ [6~7] 다음 대화를 잘 듣고 여자가 이어서 할 행동으로 알맞은 것을 고르십시오.

6. 여자: 안녕하세요. 빌라 좀 보러 왔는데요.
   남자: 어서 오세요. 어떤 빌라를 원하세요?
   여자: 제가 돈이 많지 않아 가지고 월세가 좀 쌌으면 좋겠어요.
   남자: 새로 지은 빌라가 있어요. 일단 집을 먼저 보고 월세는 집주인하고 한번 이야기해 보세요.

7. 여자: 여보, 우리 아기도 생겼는데 이사 가는 게 어때요?
   남자: 그래요. 집을 한번 알아봅시다. 내일 같이 부동산에 갈까요?
   여자: 인터넷으로 집을 알아 봤는데 이 동네가 좋은 것 같아요. 근처에 공원도 있고 좋은 어린이집도 있어요.
   남자: 오, 그러네요. 이 아파트 이름이랑 주소 좀 알려 주세요.

※ [8~9] 다음을 듣고 내용과 일치하는 것을 고르십시오.

8. 남자: 후엔 씨는 무슨 일을 하세요?
   여자: 저는 베트남에서 선생님이었는데 지금은 한국에 취직하기 위해서 한국어를 배우고 있어요. 존슨 씨는요?
   남자: 저는 전자 회사에 다니는데 주말에 아이들에게 영어도 가르쳐요.
   여자: 와, 멋있네요. 저도 존슨 씨에게 영어를 배우고 싶어요.

9. 남자: (삐) 안녕하세요. 고객님, 한국 전자 서비스 센터 담당자입니다. 먼저 세탁기 사용에 불편을 드려 죄송합니다. 세탁기 배수관 안에 먼지가 많이 있으면 소리가 나고, 흔들릴 수 있습니다. 배수관 안에 먼지가 있는지 확인해 보세요. 그래도 계속 소리가 나면 무상 출장 서비스 신청을 해 주시면 됩니다. 감사합니다.

※ [10~11] 다음을 듣고 남자의 중심 생각을 고르십시오.

10. 남자: 축하합니다. 임신이 맞습니다. 임신 초기니까 당분간 몸조심하셔야 합니다.
    여자: 네, 뭘 조심해야 하지요?
    남자: 초기에는 산모가 피곤하거나 무리하면 안 됩니다. 항상 조심해야 해요. 술이나 담배도 안 되고 커피를 너무 많이 마시는 것도 안 좋아요.
    여자: 네, 알겠습니다.

11. 여자: 선생님께서는 어렸을 때 사고로 어려움을 겪으셨지만 거기서 멈추지 않고 노력을 하셨지요? 여기 학생들에게 해 주고 싶은 말이 있으신가요?

남자: 어려움이 있더라도 그것을 기회로 바꿔서 생각했으면 좋겠어요. 저는 어렸을 때 사고를 당해서 몸을 움직일 수가 없었지만 재활 과정에서 의사가 되겠다는 생각을 했어요. 어려움을 극복하는 것이 힘들었지만 그 사고가 없었다면 제가 의사가 될 수 있었을까요? 그 사고는 제게 기회였습니다.

※ [12~13] 다음을 듣고 물음에 답하십시오.

여자: 자, 여기 청첩장요. 바쁘시더라도 꼭 참석해 주세요.

남자: 그럼요. 지난주까지 결혼 준비 때문에 바쁘던데, 이제 진짜 결혼식만 남았네요.

여자: 네, 그런데 잘 살 수 있을까 걱정도 좀 돼요.

남자: 그 마음 이해해요. 살다 보면 좋은 일도 있고 나쁜 일도 있더군요. 서로 노력하는 거지요.

※ [14~15] 다음을 듣고 물음에 답하십시오.

남자: 아버지, 어머니 새해에도 건강하세요. 그리고 새해 복 많이 받으세요.

여자: 그래, 너희도 새해에는 건강하고 행복해라. 나트가 아기를 낳았으니 이제 돈도 많이 모아 두고.

남자: 네, 알겠습니다. 어머니, 올해 나트와 태국에 다녀오신다고요?

여자: 그래. 나트가 생일에 고향에 가고 싶다고 말했거든.

※ [16~17] 다음을 듣고 물음에 답하십시오.

남자: 지현 씨는 어디에 살아요?

여자: 저는 집이 멀어서 회사 기숙사에 살아요.

남자: 기숙사에 살면 불편하지 않아요?

여자: 불편한 것도 있지만 기숙사비가 싼 편이고, 아침에 출근하는 게 편해서 좋아요.

남자: 그래요? 그래도 저는 회사 기숙사에서 살면 불편할 것 같아요. 계속 퇴근을 못하는 기분이 들 것 같거든요.

※ [18~19] 다음을 듣고 물음에 답하십시오.

여자: 최근 "한국의 전통 문화"라는 책을 내신 최 선생님께서 오늘 우리 센터에서 사라져 가는 한국 문화에 대해 이야기해 주실 겁니다. 선생님, 사라져 가는 한국 문화에는 어떤 것이 있나요?

남자: 한국에는 '먼 친척보다 가까운 이웃이 더 낫다.'라는 말이 있을 만큼 이웃끼리 사이가 좋았는데 요즘은 이사를 해도 이웃끼리 인사를 하거나 떡을 돌리는 일이 점점 사라져 가고 있어요. '떡 돌리기'에는 사람들의 정이 담겨 있을 뿐만 아니라 이웃과 소통을 시작한다는 의미가 있었습니다. 이런 아름다운 전통문화가 사라져 가는 것이 많이 아쉽습니다.

※ [20~21] 다음을 듣고 물음에 답하십시오.

여자: 한국에서는 남녀가 결혼을 하기로 마음을 정하면 상견례를 합니다. 상견례는 결혼하기 전에 두 가족이 서로 만나는 자리를 말합니다. 상견례를 하고 나서 결혼 날짜를 정하고 결혼 준비를 시작합니다. 먼저, 예식장을 정하고 웨딩 촬영을 합니다. 그다음, 결혼식에 초대할 분들에게 청첩장을 만들어 돌립니다. 요즘은 휴대전화로 청첩장을 돌리기도 합니다. 한국에서는 친척과 부모님들의 지인들도 초대하기 때문에 청첩장을 많이 만듭니다. 그래서 신랑, 신부를 잘 모르더라도 결혼식에 초대받아 참석하기도 합니다. 결혼식이 끝나면 모두 다 함께 사진을 찍습니다.

※ [22~23] 다음을 듣고 물음에 답하십시오.

남자: 한국은 출산율이 최하위 국가입니다. 그 이유는 무엇일까요? 여성들의 교육 수준이 높아지고 여성의 사회 활동이 증가하면서 일하는 여성이 많아졌기 때문입니다. 또한 물가 상승 대비 임금은 크게 오르지 않아서 부부가 맞벌이를 계속할 수밖에 없지요. 그리고 직장 스트레스로 남자와 여자의 불임 비율도 높아졌습니다. 이러한 상황이 낮은 출

산율의 원인이라면 정부에서 이러한 맞벌이 부부를 지원해야 할 것입니다. 정부에서는 육아 휴직이라든가 육아 지원금과 같은 복지를 늘리고 육아 시설도 늘려야 합니다.

※ [24~25] 다음은 라디오 프로그램입니다. 잘 듣고 물음에 답하십시오.

남자: 오늘은 베트남에서 한국으로 시집온 흐엉 씨의 사연을 들어 보도록 하겠습니다. 여보세요. 흐엉 씨? 남편 분과는 어떻게 만나게 되셨어요?

여자: 안녕하세요? 저는 5년 전에 한국에 온 흐엉이라고 해요. 저는 친구의 소개로 남편을 만나게 되었어요. 우리는 카페에서 처음 만났는데, 서로 사진을 먼저 봤기 때문에 누구인지 금방 알 수 있었어요. 제가 한국말을 잘 못했던 때라서 우리는 계속 말없이 차만 마셨어요. 그래서 남편이 저에게 관심이 없는 줄 알았어요. 그런데 차를 마신 후에 남편이 저에게 같이 식사하자고 해서 놀랐어요. 우리는 만난 지 6개월 후에 결혼을 했고 지금은 가족이 모두 4명이 되었어요. 결혼생활을 하면서 말도 잘 안 통하고, 문화가 달라도 서로가 사랑하고, 배려하면 큰 문제가 되지 않는다는 것을 알았어요. 남편은 원래 부끄러움이 많은 성격인데 말을 잘 안 해도 저는 남편의 마음을 잘 알 수 있어요. 남편이 점점 더 좋아지는 것 같아요. 저처럼 한국으로 시집온 모든 외국인 여성 분들을 응원합니다.

보충 · 복습(9~16과) 듣기

※ [1~3] 다음을 듣고 알맞은 그림을 고르십시오.

1. 남자: 저기, 이 코트 좀 리폼하려고 하는데요.
   여자: 네, 어떻게 해 드릴까요?
   남자: 어깨를 좀 줄이고 단추를 요즘 유행하는 디자인으로 바꿔 주세요.
2. 여자: 아랫집인데요. 죄송하지만 천장에서 너무 시끄럽게 뛰는 소리가 들려서요. 조금만 조용히 해 주세요.
   남자: 죄송해요. 딸 생일이어서 친구들이 놀러 왔거든요.
   여자: 그렇군요. 저희 아기가 낮잠을 자고 있어서 조금만 조용히 해 주시면 좋겠습니다.
3. 남자: 주부 100명을 대상으로 생활비 지출에 대해 조사한 결과 가장 많이 지출하는 비용으로 식비가 52%를 차지했고 아이 학비 및 학원비가 36%로 그 뒤를 이었다. 그다음으로 공과금이 10%, 경조사비가 2% 순으로 조사되었다. 한편, 맞벌이일수록 외식비로 지출하는 비용이 크다고 응답하였다.

※ [4~5] 다음 대화를 잘 듣고 이어질 수 있는 말을 고르십시오.

4. 여자: 이사한 동네는 어때요?
   남자: 아직 잘 모르겠어요. 이 동네 근처에 주말에 갈 만한 곳을 아시면 추천해 주시겠어요?
   여자: ____________________.
5. 남자: 어서 오십시오. 무엇을 도와드릴까요?
   여자: 불만 신고를 하려고 하는데요. 어떻게 신청해요?
   남자: ____________________.

※ [6~7] 다음 대화를 잘 듣고 남자가 이어서 할 행동으로 알맞은 것을 고르십시오.

6. 여자: 여보, 저 지금 약속이 있어서 나가야 해요.
   남자: 그래요. 태한이가 깨면 이유식을 먹여야 하죠?
   여자: 네. 냉장고에 이유식을 넣어 두었으니까 데워서 먹여 주세요. 이유식 먹이고 나서 목욕시키

는 것도 잊지 말고요.
남자: 그럴게요. 걱정하지 말고 잘 갔다 와요.

7. 남자: 어떻게 하면 생활비를 줄일 수 있을까요?
여자: 그럼 가계부를 써 보세요. 가계부를 쓰면 무엇을 더 절약할 수 있는지 알게 돼요.
남자: 그래요? 당장 가계부를 사러 가야겠어요.
여자: 그리고 비싼 물건을 살 때는 가격 비교 사이트를 이용해 보세요. 물건을 반값에도 살 수 있거든요.

※ [8~9] 다음을 듣고 내용과 일치하는 것을 고르십시오.

8. 남자: 웬디 씨, 무슨 일 있어요? 기분이 안 좋아 보여요.
여자: 요즘 고향에 있는 가족들이 보고 싶어서 잠이 잘 안 와요.
남자: 아, 향수병인가 봐요. 그럴 때는 고향 음식을 먹으면 괜찮아져요. 같이 먹으러 갈까요?
여자: 어제도 먹었는데 괜찮아지기는커녕 고향에 더 가고 싶어졌어요.

9. 남자: (딩동댕) 관리 사무실에서 알려드립니다. 최근 아파트 층간 소음이 문제가 되고 있습니다. 아이들이 실내에서 뛰지 않게 해 주시고, 9시 이후의 세탁기 사용은 아랫집에 큰 소음이 될 수 있으므로 삼가 주시기 바랍니다. 층간 소음 문제가 있는 경우 직접 해결하지 마시고 관리실로 문의해 주시기 바랍니다. 감사합니다. (딩동댕)

※ [10~11] 다음을 듣고 남자의 중심 생각을 고르십시오.

10. 남자: 이제 신혼집에서 사용할 가전제품을 좀 사야 하는데 어디에서 살까요?
여자: 저는 중고 제품도 좋아요. 물건만 잘 고르면 가격도 쌀 뿐만 아니라 거의 새 물건 같아서 쓸 만하던데요.
남자: 저도 중고 제품을 좋아하지만 그래도 신혼집에서 쓸 거니까 새 제품을 사야지요.
여자: 흠, 그럼 먼저 중고 제품 가게에 가서 가격을 비교해 보는 게 어때요?

11. 여자: 오늘은 '저축의 왕' 최민석 선생님을 모시고 돈을 잘 쓰는 방법을 알아보도록 하겠습니다. 선생님, 어떻게 하면 돈을 잘 쓸 수 있나요?
남자: 저는 통장이 많은 편인데요. 생활비 통장, 식비 통장, 적금 통장, 경조사비 통장 등등 이렇게 여러 개의 통장을 만들고 저금을 시작했더니 돈이 어디에 어떻게 쓰이는지 알게 되었고 돈도 잘 쓸 수 있게 되었습니다. 여러분도 일단 돈이 생기면 여러 통장에 돈을 나누어서 저금을 해 보십시오.

※ [12~13] 다음을 듣고 물음에 답하십시오.
남자: 여기 앉으세요. 어떤 문제로 오셨어요?
여자: 휴대폰 배터리가 너무 빨리 닳아서요. 방법이 있을까요?
남자: 배터리는 원래 쓸수록 사용 시간이 짧아져요. 그래서 배터리를 새로 하나 사시는 게 좋을 것 같아요.
여자: 그래요? 그럼 그냥 이번 기회에 휴대폰을 새로 사는 게 낫겠어요.

※ [14~15] 다음을 듣고 물음에 답하십시오.

남자: 어디가 안 좋은가요?
여자: 아기가 어제부터 열이 나고 토해요, 설사도 하는 것 같아요.
남자: 자, 어디 봅시다. 음, 감기인 것 같군요. 열이 높아서 토하고 설사도 하는 거예요. 요즘에 감기에 걸린 아기치고 열이 나지 않는 아기는 없으니까 너무 걱정하지 마세요. 약 처방할 테니까 하루 세 번 약을 잘 먹이세요.
여자: 네, 알겠습니다. 감사합니다.

※ [16~17] 다음을 듣고 물음에 답하십시오.

여자: 아니, 이게 뭐예요? 지갑을 두 개나 들고 다니네요?
남자: 아, 네. 이 지갑에는 현금과 카드가 있고요, 다른 지갑에는 할인 쿠폰이랑 멤버십 카드가 있어요.
여자: 와, 정말 좋은 방법이네요. 저도 할인 쿠폰을 모으는데 자주 잃어버려요. 저도 쿠폰 지갑을 하나 만

들어야겠어요.

남자: 근데 어제는 쿠폰 지갑을 두고 출근하는 바람에 할인을 못 받았어요. 박 선생님은 잊어버리지 말고 잘 들고 다니세요.

여자: 하하하, 네 알겠어요. 선생님께 또 하나 배웠네요.

※ [18~19] 다음을 듣고 물음에 답하십시오.

여자: 선생님께서는 다문화가족지원센터에서 다문화가정 여성들을 위해 요리를 직접 만들어 주시는 봉사를 하신 지 3년이 되셨는데요, 이 일을 하시게 된 이유가 무엇입니까?

남자: 제 아내가 태국 사람인데 저에게 시집오고 1년 후에 향수병에 걸리더라고요. 제 직업이 요리를 하는 직업이니까 당연히 태국 요리에 관심이 생겼고 아내가 향수병에 걸릴 때마다 태국 요리를 만들어 주었어요. 그랬더니 향수병이 낫더군요. 이렇게 설이나 추석 같은 명절날이 되면 한국사람이든지 외국 사람이든지 모두 고향이 그리운데요, 아내가 다니는 다문화가족지원센터 소장님과 친하게 지내면서 이런 명절에 제가 아내와 비슷한 외국인들에게 그들의 고향 요리를 만들어 주면 어떨까 말을 해 봤어요. 그때부터 이 봉사가 시작이 되었어요.

※ [20~21] 다음을 듣고 물음에 답하십시오.

여자: 그동안 한국에서 살면서 불편했던 적이 있나요? 제품을 사용하거나 서비스를 이용하는 과정에서 피해를 입거나 어려웠던 점이 많았을 것 같은데요. 외국인이어서 한국말을 못하기 때문에 가만히 있을 수밖에 없는 사람들이 많은 것 같습니다. 얼마 전 제 외국인 친구는 스포츠 센터에서 환불을 못 받아서 소비자보호원에 신고를 했습니다. 그 친구가 한국어를 잘 하냐고요? 그렇지 않습니다. 한국어로 상담하는 것이 어렵다면 다누리콜센터로 전화하세요. 한국어는 물론이고 여러 나라 말로 상담이 가능합니다. 전문 상담원이 여러분 대신 상담을 해 드립니다.

※ [22~23] 다음을 듣고 물음에 답하십시오.

남자: 우리는 일상생활에서 '바쁘다'라는 말을 자주 쓰고 자주 듣습니다. 인사를 할 때 "요즘 바쁘시지요?"라고 묻기도 하고 상대에게 갑자기 연락을 했을 때 "바쁘신데 죄송합니다."라고 합니다. 이 외에도 상대방과 약속을 정할 때나 상대방의 부탁을 거절할 때에도 '-느라고'를 써서 왜 바쁜지 이야기하며 상대방에게 사정을 설명합니다. 이렇게 한국 사람들은 '바쁘다'라는 말을 습관처럼 사용하는 것 같습니다. 사람들이 말하는 '바쁘다'의 의미는 모두 같은 것일까요? 우리는 '바쁘다'라는 말을 얼마나 자주 어떤 뜻으로 사용하고 있는지 생각해 봐야겠습니다.

※ [24~25] 다음은 대담입니다. 잘 듣고 물음에 답하십시오.

남자: 한국 사람들은 배달을 참 좋아하는 편인데요. 이런 한국의 배달 문화에 대해서 설명을 좀 해 주시겠습니까?

여자: 한국 사람들에게 배달 문화는 이제 일상이 되었다고 할 수 있습니다. 마트, 세탁소에서 물건을 배달해 주는 것은 물론이고, 공원과 한강 둔치에도 음식 배달이 와서 문화적 충격을 받았다는 외국인도 있어요. 요즘은 아기 이유식, 아침밥, 과일, 간식 등 음식뿐만 아니라 집을 놀이동산처럼 만들어 주거나 트레이너가 운동 기구를 들고 와서 직접 운동을 지도해 주기도 하는 등 갈수록 배달의 종류도 다양해지고 있어요. 이렇게 배달이 발달할 수 있었던 이유로는 우선 도로와 교통이 잘 발달되어 있기도 하고 주거 지역이 밀집해 있다는 점을 들 수 있습니다. 또한 한국 사람들의 '빨리빨리' 문화도 빼놓을 수 없는데요. 이 문화가 모두 좋은 면만 있는 것은 아니지만 저는 이렇게 뭐든지 '빨리빨리' 하기를 원하는 한국 사람들의 국민성이 빠른 배달 문화를 만들었다고 생각합니다.

담당 연구원

정혜선 국립국어원 학예연구사
박지수 국립국어원 연구원

집필진

내용 집필

이선웅 경희대 한국어학과 교수
이 향 한국조지메이슨대 현대및고전언어과 조교수
정미지 서울시립대 국제교육원 한국어학당 책임강사
현윤호 경희대 문화예술법연구센터 연구팀장
김유미 경희대 언어교육원 교수
박수연 조선대 언어교육원 교육부장
이영희 숙명여대 한국어문학부 초빙대우교수
이윤진 안양대 교육대학원 외국어로서의 한국어교육 전공 조교수
이정화 서울대 언어교육원 한국어교육센터 대우조교수

내용 검토

박미정 건양사이버대 다문화한국어학과 조교수
김정남 경희대 한국어학과 교수
김현주 용인시 다문화가족지원센터 한국어 강사
박동호 경희대 한국어학과 교수
박시균 군산대 국어국문학과 교수
양명희 중앙대 국어국문학과 교수
오경숙 서강대 전인교육원 조교수
홍윤기 경희대 국제교육원 교수

연구 보조원

박서향 경희대 언어교육원 한국어교육부 주임강사
성아영 전 경희대 언어교육원 한국어 강사
이 경 전 경희대 언어교육원 한국어 강사
이채원 순천향대 한국어교육원 강사
김경은 전 경희대 언어교육원 한국어 강사
김보현 중앙대 언어교육원 한국어 강사
박경희 평택대 국제처 한국어교육센터 강사
박기표 전 베트남 한국문화원 세종학당 파견교원
박정아 경희대 교육실습센터 한국어 강사
박혜연 아주대 국제교육센터 한국어 강사
윤권하 전 경희대 언어교육원 한국어 강사
윤희수 평택대 국제처 한국어교육센터 강사
이정선 경희대 국제한국언어문화학과 석사과정 수료
조연아 경희대 국제한국언어문화학과 석사과정 수료
최은하 군산대 국제교류교육원 언어교육센터 한국어 강사
탁진영 경희대 국제교육원 한국어 강사
황지영 한신대 국제교류원 한국어 강사

다문화가정과 함께하는

정확한 한국어 중급 1

1판 1쇄 2019년 2월 13일
1판 6쇄 2026년 2월 23일

기획·개발 국립국어원
펴낸이 박영호, 박민우
기획팀 송인성, 김선명, 김선호
편집팀 박우진, 김영주, 김정아, 최미라, 전혜련, 박미나
관리팀 임선희, 정철호, 김성언, 권주련
펴낸곳 (주)도서출판 하우

주소 서울시 중랑구 망우로68길 48
전화 (02)922-7090
팩스 (02)922-7092
홈페이지 http://www.hawoo.co.kr
e-mail hawoo@hawoo.co.kr
등록번호 제2016-000017호

값 10,000원
ISBN 979-11-88568-59-8 14710
ISBN 979-11-88568-56-7 14710 (set)